全球金融大变局

乔依德 何知仁 等◎著

中国出版集团
中译出版社

图书在版编目（CIP）数据

全球金融大变局 / 乔依德等著 . -- 北京 : 中译出版社, 2021.2（2021.4 重印）

ISBN 978-7-5001-6540-8

Ⅰ.①趋… Ⅱ.①乔… Ⅲ.①国际金融—研究 Ⅳ.① F831

中国版本图书馆 CIP 数据核字（2021）第 004164 号

出版发行：中译出版社
地　　址：北京市西城区车公庄大街甲 4 号物华大厦六层
电　　话：（010）68359827；68359303（发行部）；
　　　　　68005858；68002494（编辑部）
邮　　编：100044
电子邮箱：book @ ctph. com. cn
网　　址：http://www.ctph.com.cn

策划编辑：于　宇
责任编辑：于　宇
封面设计：仙　境
排　　版：聚贤阁

印　　刷：北京顶佳世纪印刷有限公司
经　　销：新华书店
规　　格：710mm×1000mm　1/16
印　　张：20
字　　数：180 千字
版　　次：2021 年 2 月第 1 版
印　　次：2021 年 4 月第 2 次印刷

ISBN 978-7-5001-6540-8　　　　定价：69.00 元

版权所有　侵权必究
中 译 出 版 社

编委会

主 任
乔依德

副主任
何知仁

成 员
乔军华　任　佳　刘海影　苏立峰
吴建刚　吴信如　范晓轩　张朝晖

目　录

序　一 / *001*
序　二 / *005*
前　言 / *017*

上　篇
事实和特征

第一章　中央银行的作用前所未有地增大

　　一、非常规货币政策盛行 / 005

　　二、负责宏观审慎监管 / 009

　　三、参与金融监管 / 012

第二章　发达经济体货币政策的国内外影响前所未有的显著和复杂

　　一、非常规货币政策对发达经济体的影响 / 018

　　二、非常规货币政策对新兴经济体的影响 / 032

　　三、货币政策调整对全球风险偏好的影响 / 037

　　四、货币政策溢出效应的未来演变 / 039

　　五、发达经济体货币政策的未来趋势 / 042

第三章　对金融监管的重视达到前所未有的高度

一、全球金融危机前的监管理念和体系 / 051

二、危机后的全球金融监管 / 052

三、美国金融监管放松的可能影响 / 056

四、金融危机后的全球金融安全网 / 058

五、金融监管改革的影响和挑战 / 063

第四章　全球债务杠杆率上升到前所未有的高度

一、变化特征 / 071

二、驱动因素 / 076

三、演变路径 / 085

第五章　全球跨境资本流动发生了前所未有的变化

一、全球总量的变化 / 103

二、全球净量的变化 / 107

三、中国跨境资本流动的变化 / 113

四、驱动因素的变化 / 115

五、新冠肺炎疫情的影响 / 118

第六章　新兴经济体在全球金融体系中的地位前所未有地上升

一、金融市场和资本流动 / 124

二、外汇储备 / 126

三、对全球金融治理的作用 / 128

四、中国地位的上升 / 132

第七章　金融科技对金融生态和功能的影响前所未见
一、改善或影响了现有的金融业态 / 151
二、创造了全新的金融业务 / 154
三、对金融监管的冲击及对策 / 164

下 篇
动因、含义和趋势

第八章　全球金融大变局的动因
一、直接原因：全球金融危机 / 175
二、根本动因：经济全球化 / 189
三、关键变量：科技进步 / 205

第九章　全球金融格局变化的含义
一、折射了各国不同的经济结构和发展阶段 / 215
二、反映了当前国际货币体系的特征 / 226
三、对全球金融脆弱性的影响正负互现 / 238

第十章　全球金融格局变化的趋势

后　记

术语表

参考文献

序 一

大概一年多以前，我读到上海发展研究基金会撰写的关于全球金融格局重大变化的研究报告。读完以后，我觉得这个报告写得很好，之后在各个场合我多次表达了赞赏。前不久在该基金会组织的一次关于新冠病毒疫情对经济影响的视频讨论会上，我再次提到这份研究报告。事后，依德告诉我，他们正在对该报告进行修改、增订，并准备成书出版，同时嘱托我为该书写个序，我当即表示同意，回复曰"推荐好书，我之愿也"。

目前正在全球蔓延的新冠病毒疫情给各国人民都带来了巨大的生命财产损失，同时对全球的经济、金融产生了重大冲击，连同十年前的全球金融危机，使得全球金融格局产生了持续的、重大的变化。而这些变化又与我国的金融开放、金融供给侧结构性改革密切相关。我认为这些正是本书进行研究的深刻背景和驱动因素。

这本书的重要意义在于，在这种大的背景下，对于全球金融中出现一些新特征、新态势进行了总结和分析，这有助于我们了解和把握当前全球金融的趋势。对于中国来说，如何在当前变化多端的国际经济金融环境下，进一步发展和全球的关系以及如何通过全球的经济金融资源配置来更好地实现中国自身的发展，具有重大的意义。

本书有以下几个方面的特点。

第一，内容上，注重系统性。本书全面地概括了近几年，特别2008年全球金融危机后的国际经济、金融发展的重大变化，从机构、机制、政策、市场和资金等各个方面对其发生的变化进行了全面的梳理和总结，提炼出了相关的特征和趋势。因而该书的分析不是零碎的、片段的，而是全面的、系统的。

第二，分析上，具有深刻性。本书对全球金融发生的重大变化，并没有停留在对事实的一般描述上，而是深入阐述，对产生这些变化的原因、含义及趋势做进一步分析。以原因为例，本书梳理出触发性和根本性两大类原因。显然，全球金融危机是主要的触发性原因。本书围绕这一点，进一步将此分解为三个子原因，即：为应对这场危机而采取的措施、这些措施带来的连带作用以及为防范今后可能出现的金融危机而采取的措施。层层深入、环环相扣，将分析工具用得淋漓尽致。

第三，表述上，体现基础性。本书并不刻意追求创建深邃的理论，它的分析框架十分简洁，或是完全基于事实，或是基于一般经济学、金融学的理论，或是基于若干设定的场景。这样，只要具有一般金融方面知识的读者都能读懂本书。

第四，方法上，突出科学性。本书在研究方法上既采用了定性和定量相结合的方式，又采用了全球（整体）和国别的分析方法。这一点我认为是应该得到充分肯定的。它既介绍了总体的、一般性的趋势特征，又对不同国家进行分析，特别是考虑到大国经济体对于全球金融的影响有很强的外溢效应，强调了大国经济体在国际金融变化趋势上的影响力。这也是本书非常重要的一个特点。

此外，在分析中，本书还注重模型和实际相结合。我们在分析宏观经济，特别是分析长期经济发展趋势时，往往会采用一些模型。这样做的好处是分析清晰、逻辑性强，至少推理过程不易犯错。但是，模型是否成功关键在于假设是否合理、结果是否符合实际。所以，我们不能光依靠模型的结果，同时还要把它与实际状况相结合，这就使得研究本身既具有了理论上的支持，又具有了现实的厚度。本书模型用得不多，但也注意到了这一点。

随着经济全球化的深入，中国的金融市场与国际市场的联系越来越紧密。即使目前出现了逆全球化的思潮，经济全球化可能会放慢脚步，甚至可能有部分的逆转，但经济全球化的大趋势是不会改变的。同时，最近几年我国金融业进一步对外开放，越来越多国外的金融机构进入中国开展业务，也有越来越多的国外资金进入到我国的证券市场。另一方面，我国对外投资逐年上升，甚至超过了国外对我国的直接投资。随着我国经济的发展，人民生活水平的提高，越来越多的机构和个人也需要对资源进行全球配置。在这样一个情况下，了解全球金融的变化，无论是对金融市场人士还是个人投资者都是十分必要的。本书可以为我们提供这方面的知识，为我们了解全球金融提供了有用的参考。因此，我十分高兴向大家推荐这本书。是为序。

屠光绍
上海市原常务副市长
中国投资有限责任公司原副董事长、总经理

序 二

上海发展研究基金会在乔依德秘书长的领导下,长期研究国际金融问题,在国内外饱受赞誉。基金会认真严谨的学术态度得到国内外学界的高度好评。非常高兴看到基金会推出了由乔依德秘书长和何知仁先生等的专著《全球金融大变局》。"全球金融大变局"是一个富有冲击力的书名,也是一个难度极高的课题。

什么是全球金融呢?首先,我们可以重温一下"金融""国际金融"和"全球金融"这三个概念。根据维基百科提供的资料,1915年出版的《词源》称"今谓金钱之融通曰金融,旧称银根"。相应地,"各种银行、票号、钱庄曰金融机关"。教科书一般将金融解释为"货币资金的融通"。1990年经济管理出版社出版的《中国金融百科全书》中对"金融"的词条解释为"货币流通和信用活动以及与之相关的经济活动的总称"。按照投资百科(Investopia),金融是指同包括银行服务、加杠杆或借债、信贷、资本市场、货币和投资相关的所有活动。

国际金融是指跨越国界的国与国之间的金融活动。而全球金融则进一步强调了在金融自由化和一体化的情况下，国际金融活动对地球每一个角落的渗透力和冲击力。尽管有所不同，国际金融和全球金融的概念在许多场合是可以互换使用的。

在对国际金融或全球金融的讨论中，我们也往往离不开对国际金融体系的讨论。在有些教科书中，国际金融体系是全球金融概念的一个组成部分。国别金融体系是由金融机构、金融市场、金融工具、中央银行以及有关金融交易的法规、制度、规定、惯例和相应监管机构构成的有机整体，其核心是由最终贷款人和最终借款人根据债权债务关系交换资金的金融市场体系。在一定意义上，国际金融体系是国别金融体系在全球范围内的延伸。但同国别金融体系相比，国际金融体系至少有三点主要的不同。首先，目前的国际金融体系还不是严格意义上的体系。因为"体系"这个概念本身要求的是一个"有组织的整体"。而这种组织性，则体现为存在着一系列对个体行为具有约束力的规则，形成一套有效运转的机制，以及拥有监管和仲裁权的机构。而从目前国际金融体系的现状来看，尽管已经存在一些共同承诺遵守的规则（包括国际货币、国际银行业等领域内通行的协议和条例），也存在着协议产生的国际性金融组织和地区性金融机构，但就其完整性和有效性而言，国际金融体系仍在形成之中。其次，尽管世界各主要国家都在加速推行金融自由化，世界各国的金融市场的联系日益紧密，即全球金融市场的一体化趋势日益加强，但与一国之内的各金融市场的一体化已建立不同，国际金融体系中各金融市场按国别的分割依然存在（不同的货币和货币体系等）。最后，由于国际金融交易突破了国界，不仅在规模上与国别金融体系不同，国际金融体系还需提供一个国际货币制度和支付清算体系，以便为国际资本的跨国流动提供便利。国际金融体系的基本构成可用下图给予简单描述。

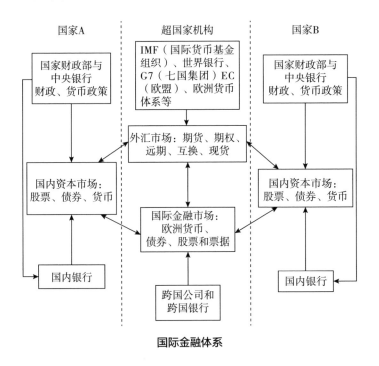

国际金融体系

从上图中可以看出，各国政府的财政部和中央银行以及相应的超国家机构（国际货币基金组织、世界银行、欧洲共同体和欧洲货币体系等）是国际金融体系的重要组成部分。一个国家的政府可以通过自己的财政货币政策控制和影响本国的资本市场和外汇市场。各国政府可以根据临时协议采取联合行动或根据某种固定的长期国际安排（如欧洲货币体系）协调行动。国际货币基金组织和世界银行则在国际安排的设计和执行过程中起着重大作用，因而对外汇市场的运作起着重大作用。个别国家的借贷者可以在本国市场进行交易，也可以通过外汇市场（外汇现货市场、期货市场、远期市场、期权市场和互换市场）或离岸市场（欧洲货币市场、欧洲债券市场、欧洲股票市场和欧洲票据市场）进入另一个国家的市场进行交易。

按世界银行的意见，国际金融体系这一概念通常包括旨在使国际资本得以由资金过剩的国家和经济实体流入资金短缺的国家和经济实体的各种制度安排，管理国际汇率制度运转的各种规则，以及创造和分配国际流动性的各种机制（1985年发展报告，P.85）。国际金融体系中的各种制度安排主要指与国际资本流动相应的金融机构、金融市场和金融工具。而所谓创造和分配国际流动性的各种机制则是指特别提款权之类的机制。

管理国际汇率制度运转的各种规则，以及创造和分配国际流动性的各种机制大致可以用国际货币制度这一概念加以涵盖。另一方面，国际资本由资金过剩的国家和经济体流入资金短缺的国家和经济体主要是通过金融市场的交易实现的。金融工具是国际金融市场交易的对象，金融机构是国际金融市场的参与主体，因而，对工具和机构的分析可纳入对国际金融市场的分析之中。

"全球金融大变局"显然是一个雄心勃勃的研究项目。首先，研究者必须对全球金融的细节有相当全面的把握。其次，要对全球金融的变迁有翔实的了解。最后，要有强烈的问题意识，知道自己想回答什么问题。纵览全书，我感到作者在这三个方面都做得不错，反映了作者严谨的治学态度和相当深厚的学术功底。

本书上篇名为"事实和特征"，主要是识别、描述全球金融危机和新冠病毒使得全球金融格局所出现的重大变化。书中对2008年以来各国中央银行作用的变化做了翔实的描述。这些事实包括：变化一，各国中央银行的作用前所未有地增大；变化二，发达经济体货币政策的国内影响和溢出效应前所未有的显著；变化三，对金融监管的重视达到前所未有的高度；变化四，全球债务杠杆率上升到前所未有的高度；变化五，全球跨境资本流动发生了前所未有的变化；变化六，新兴市场与发展中经济体在全球金融体系中的地位前所未有地上升；变化七，金融科技对金融生态和功能的影响前所未见。为了准确概括这些变化，作者参考了大量文献，同时也利用基金会每年举办的高规格国际研讨会"上海全球金融论坛"这个平台，从外国政府官员和专家学者那里得到一些第一手资料。

为什么本书第一篇的标题定为"事实和特征"呢？我猜想作者是在借用经济学中的"典型事实"概念。根据维基百科，在社会科学，特别是经济学中，一个典型的事实是对经验发现的简化表示。典型事实通常是概括数据的广义概括，尽管从本质上讲确实可能在细节上有误差。在经济学中，列举"典型事实"的论述方式可能始于著名英国经济学家尼古拉斯·卡尔多。卡尔多是经济增长理论的重要奠基人之一。他认为正常的经济增长过程中应该呈现出6个典型状态。它们是：

（1）生产率稳速增长；

（2）人均资本存量已连续增长；

（3）实际利率大体上稳定不变；

（4）资本—产出率大体上稳定不变；

（5）各种生产要素的收入在国民收入中所占份额大体上稳定不变；

（6）人均产出增长率在不同国家间具有很大差别。

熟悉经济增长理论的人很容易看出，卡尔多"典型事实"中所涉及对变量（如生产率、人均资产存量、人均产出量、资本—产出率等）都是包含在索洛新古典主义经济增长模型中的变量（或隐含的变量）。所谓"典型事实"实际上是赋予理论模型的特定经验内容。而这些典型事实又完全是索洛模型可以接纳的。有了建立在理论模型基础上的"典型事实"，这些典型事实就可以作为对未来的相关变量变化的预测。例如，我们可以预期，在正常（"典型"）情况下，一个国家的经济将大体按照"典型事实"所描述的方向增长。如果在未来的某一时刻，"现实事实"与"典型事实"发生矛盾，我们就会寻找造成"异常"的原因或者对模型本身进行修正。简而言之，发现典型事实是一种很有意义的研究方法。

有意思的是，在全球金融危机爆发之后，国外一些经济学研究者也试图总结金融影响经济的典型事实。一篇美国国家经济研究局（NBER）的论文就总结了信贷增长的如下几个典型事实：

（1）较高的信贷同经济增长的稳定性相关；

（2）较多的信贷同较低的平均经济增速相关；

（3）较多的信贷同较大的投机崩盘相关；

（4）上述相关关系自1980年后进一步强化了[①]。

智者乐水，仁者乐山。凭什么把事实A作为典型事实，而

---

① Nick Bunker, Some new stylized facts for a financialized economy, April 21, 2016, https://equitablegrowth.org/some-new-stylized-facts-for-a-financialized-economy/.

不把事实 B 作为典型事实呢？为什么只有 6 项典型事实而不是 7 项典型事实呢？答案在于你选择了什么模型（这里是指广义的理论模型而不是狭义的数学模型）。例如，如果你选择了明斯基的理论而不是金德伯格的理论，你所挑选的典型事实就可能很不相同。遗憾的是，目前似乎并不存在一个地位与索洛模型在 60—70 年代的经济增长理论领域相当，用于研究全球金融问题的理论框架。尽管建立这样一个理论模型非常困难，但没有这样一个模型就容易给人产生"仁者见仁、智者见智"之感了。

本书第二篇试图为第一篇中典型事实的变化做出解释。这些解释可能都是可以接受的。但如何把这些解释放进一个统一的理论框架中依然是摆在作者面前的挑战。

对现象的理论解释是逆时间的"预测"。如果在一个统一的理论框架中你能解释过去发生的现象，那你就有希望对尚未发生的事情做出顺时间的预测。而这种预测则是所有科学研究的终极目标。但是，这里依然有一个"预测什么"的问题。不同的研究目的决定了预测目标，而这种目标的设定又决定了对理论模型的选择。对中国经济学家来说，我们想知道的是，全球金融大变局对中国的影响是什么？这是中国经济学研究的起点和终点。本书的作者无疑也是在沿这个方向努力。但这种努力散见于各个章节，而未给读者展示出某种逻辑环节环环相扣的场景。例如,"非常规货币政策"一节中,作者详细解释了2008年全球金融危机之后,各国中央银行执行的非常规货币政策并介绍了不同类型的非常规货币政策,并指出:"非常规货币政策大大拓宽了货币政策的作用范围,使得央行的作用显著增强。有观点认为,在非常规货币政策的运用过程中,央行的角色由'最后贷款人'扩展到'最后交易商'"。我感兴趣的问题是,美联储和西方国家中央银行的这种非常规货币政策将会对中国的美元资产产生何种影响。美联储前主席伯南克在2002年为他赢得"直升机伯南克"之称的一个重要演讲中说:"通过货币创造为减税融资,等价于国债融资加上美联储在债券市场上的公开市场操作。"美联储达拉斯主席里查德费舍则直截了当地指出:"美联储将每月购买1 100亿美元的国库券。这个数量(经过年化后)代表了预估的美国明年的财政赤字量。在未来的8个月中,美联储将把联邦债务货币化(monetizing the federal debt)"。[1] 2008年以后,美国新发国债规模迅速扩大,从每年平均2万—3万亿美元规模迅速增长到5万亿美元左右的规模。美国的国债余额从2008年的10万亿美元增长到2019年底的23万亿美元。美联储通过"货币创造"来增持近2万亿美国国债,而中国、日本等境外投资者在此期间则动用

---

[1] Imad Moosa: Quantitative Easing As A Highway to Hyperinflation, p270, World Scientific, Singapore, 2014.

真金白银增持了3.5万亿美元美国国债。自新冠肺炎疫情暴发之后，美联储不但没有如2013年许诺的那样退出量宽政策，反而变本加厉使美联储的资产负债表突破了7万亿美元。美联储的这种政策对美国经济而言是救火，但对中国来说是美国国债实际价值的严重缩水。中国应该怎么办？本书似乎并未沿着这种思路探讨西方国家中央银行作用的变化。

又如，在"官方外汇储备"一节中，作者指出："就2019年10月各经济体外汇储备情况而言，全球占比超过1%的18个经济体合计占比86.45%，其单体持有外汇储备规模接近或超过1 000亿美元。排名前十的经济体是中国、日本、瑞士、沙特阿拉伯、中国香港、俄罗斯、印度、韩国、巴西、新加坡，各自持有接近或超过2 700亿美元的外汇储备。其中，中国、印度、巴西和俄罗斯这四个'金砖国家'赫然在列，合计持有41.66%的全球份额。尤其中国大陆全球占比30.14%，持有3.105万亿美元，位列第一，是第二名日本持有量的2.5倍。"这些当然是对现实情况的准确描述。但是，我却想问"如果美国政府想扣押（sequester）中国的储备资产，它做得到吗？我们有什么应对之策？其实，在国外一些学者的著作中，对这些问题是有所涉及甚至研究的。例如，2013年底马丁·沃尔夫就曾警告中国：如果有一天中美发生公开冲突，美国"可以扣押相当大部分中国的流动性海外资产"。如果不公开扣押，

序 二

美国政府是否能够通过"从直升机撒钱"使中国持有的美国国债的价值大幅度下跌?普拉萨德认为这种情况不大可能,因为美国养老金持有的美国国债更多,美国公众不会允许美国政府这么做。但实际情况是这样吗?

《全球金融大变局》对21世纪以来全球金融的演变进行了全面、翔实和深入的阐述。毫无疑问,这是一本严肃有价值的专著。我相信作者一定能够在已有研究成果的基础上再接再厉,把中国作为这个大变局中的主角,为中国如何在大变局中趋利避害,提出更为清晰明确,更具有操作性的政策建议。

余永定
中国社会科学院学部委员
上海发展研究基金会学术委员会主席

前　言

（一）

难以想象，短短十年，人类会经历两场严重影响全球人们生活的灾难——发生在2008年—2009年的全球金融危机以及当前正在全球蔓延的新冠肺炎疫情。这两者从性质上看是有所不同的，前者是内生的，由美国次贷危机而触发，导致流动性突然紧缩、金融机构破产或者崩溃，从而波及实体经济，影响全球各个角落人民的生活；后者则是突发性的全球公共卫生事件，对于经济体而言，新冠肺炎疫情是外生的，然而它带来的不确定性又与金融危机有相似之处。新冠肺炎疫情在全球爆发，受其影响，金融和实体经济全面停滞，从而导致人们陷入极大的生活困境。

无论是内生冲击还是外生冲击，不仅对当时的经济走势产生重大影响，更对全球经济格局产生了重大的影响。作为全球经济格局的一个重要组成部分，全球金融格局首当其冲。正是基于这样一个基本观察和判断，本书将分析上述内外冲击和经济全球化、技术进步对全球金融格局带来了怎样的变化，以及这些变化是如何产生、演变和影响全球金融稳定的。

我们曾在2018年9月完成了名为"全球金融格局的变化和中国对外金融"的研究报告。以此报告为基础，本书将集中阐述全球金融格局的具体变化。除此之外，我们还增加了对这些变化的动因、含义及趋势的分析，并且根据这次新冠肺炎疫情对全球经济格局的影响，进行了增补、修订和更新。

本书分上、下两篇。上篇名为"事实和特征"，主要是分析和描述受全球金融危机及新冠肺炎疫情影响、全球金融格局所出现的重大变化以及这些变化的特点。下篇名为"动因、含义和趋势"，阐述了引起全球金融格局变化的原因，以及它们是如何体现了全球经济的一些基本特征和已经或即将发生的演变趋势。

（二）

在全球金融危机之后及这次新冠肺炎疫情期间，金融领域可谓是波谲云诡、纷繁复杂。经筛选和研究，我们认为，就全球金融格局而言，以下七个变化最为重要，最值得关注。

第一个变化体现在，与全球金融危机前相比，目前各国

前 言

中央银行的作用前所未有地增大了。其主要表现为：为应对全球金融危机，各主要发达国家央行先后都采取了大规模的量化宽松政策，投放大量货币购买风险资产以降低风险溢价，不但降低企业及家庭的融资成本，而且刺激生产、投资和消费。就挽救经济免于全面崩溃而言，这个政策应该予以肯定。同时，从某种意义上说，央行已经从"最后贷款人"变成了"最后交易商"（Perry Mehrling，2011）。在这次新冠肺炎疫情中，美联储推出了外国央行国债回购计划（FIMA），允许外国央行将持有的美国国债抵押给美联储换取美元，这在一定程度上和一定时期内是美联储发挥全球央行作用的体现，值得进一步观察其后续发展（上海发展研究基金会，2020）。全球金融危机爆发后，国际社会强烈意识到，仅仅对单体金融机构进行督管是不足以防范系统性风险的，因而在2010年的G20峰会上，国际社会就建立宏观审慎政策框架达成了一致意见，其核心观点是从客观的、逆周期的视角采取各种措施，如逆周期资本缓冲、系统重要性金融机构的额外资本要求等，防范由金融体系顺周期波动及跨部门传染而导致的系统性风险。虽然实施宏观审慎的机构安排各国不尽相同，但在大多数国家，央行都占据了主导地位。例如，英国政府授权英格兰银行负责宏观审慎管理的职能，赋予其维护金融稳定的必要工具和手段；中国人民银行构建的"双支柱"宏观调控框架，明确指出，其不仅包括货币政策，还包括宏观审慎政策。

央行作用增大的另外一个体现则是各国央行都或多或少介入金融监管，而以往各国央行作为"最后贷款人"很少介入具体的监管。全球金融危机后，人们逐渐意识到，如果央行一点不了解、不介入金融监管，其作为"最后贷款人"的能力就会大打折扣。因此，美国金融改革法案强化了美联储对系统重要性金融机构的监管，英国政府则把金融监管权从金融服务局转移到中央银行，而中国则成立了金融稳定发展委员会，加强金融监管协调，其执行机构则设在人民银行。如此种种都反映了这样一个倾向。

与上述第一个变化密切相关，我们观察到的第二个变化是发达国家货币政策的国内影响和溢出效应前所未有的显著和复杂。2008年全球金融危机后和这次新冠肺炎疫情期间，以美国为代表的发达国家先后采取了非常规货币政策，即通过大量注入流动性，压低市场利率和购买风险资产，从而达到稳定市场的目的。例如，美联储先后实施了三次量化宽松政策（QE），从客观效果来看，这项政策基本上稳定了市场，防止了全球市场的全面崩溃。与此同时，这项政策也对市场造成了不可忽视的负面影响，具体表现为推高了资产价格，特别是股票价格，而富人拥有较多的资产，从而使得已经十分严重的贫富差距进一步恶化。这是近年来发达国家民粹主义、民族主义加速抬头的原因之一。新冠肺炎疫情期间，美联储推出的非常规货币政策速度更快、力度更大，稳定市场的效果也更明显。至于负面影响，有待后续的进一步观察。

发达国家的货币政策除了在国内造成了重大的影响之外，在全球化的今天，还对其他国家，尤其是发展中国家产生了巨大的影响，这就是人们常说的外溢效应。尽管货币政策外溢并非一个新出现的现象，但在2008年全球金融危机爆发后，其规模和影响则是以往不可比拟的。它首先表现在跨境资本的活跃程度上，全球金融危机期间，跨境资本的金额有所下降，之后持续扩大，并很快超过了危机前的最高点。尤其是发展中国家的资金，随着发达国家量化宽松政策的实施和退出，呈现出了明显的潮起潮落。在汇率方面，随着美国在2014年底开始退出量化宽松政策，主要新兴市场国家货币都经历了进入21世纪以来最大的一轮贬值。在利率方面，全球金融危机期间，主要新兴市场国家国债利率下行，与美国国债利率保持稳定。当美国开始退出量化宽松后，部分新兴市场国家与美国国债的利差显著扩大。利差的扩大加上贬值的压力，迫使资金从新兴市场国家流出，而资金的外流或外逃又加大了新兴市场国家货币贬值的压力。新冠肺炎疫情暴发后，不少新兴市场国家的货币都出现了大幅度的贬值。图1显示了2020年1月1日至3月23日部分新兴市场国家货币贬值的情况。

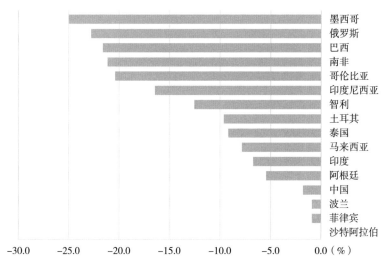

图1 新冠肺炎疫情暴发后新兴市场国家的货币贬值情况

资料来源：彭博资讯，标普。

受2008年全球金融危机影响，各国经济都遭受了重大的损失，痛定思痛，各国不约而同地都将金融监管提高到了一个前所未有的高度，这是全球金融格局的第三个变化。金融监管的内容包含了两个层面：一是各国国内的金融监管，二是国际间金融监管的协调。就国内监管而言，监管的理念产生了根本的变化，摒弃了"最少的监管就是最好的监管"这种自由放任的观点。在监管体系方面，以往部门化、碎片化的情况得到了有效改善，出现了整合、相对集中的倾向，由传统的多头监管向双峰监管甚至一元超级综合监管转变，同时强化中央银行的监管职责。总体上说，金融监管正在向综合监管和功能监管转变。2008年的全球金融危机使国际社会深刻认识到，仅靠各国国内金融监管是远远不足以防止金融危机向全球蔓延的，因此，还必须加强国际间金融监管的协调和合作。在此背景下，二十国集团（G20）、金融稳定委员会（FSB）、欧洲稳定机制（ESM）、金砖国家应急储备安排（CRA）等新型经济、金融治理组织或机制应运而生，与其他各种现存的组织或机制安排，共同组成全球金融安全网。安全网包含了四个层次的网络结构：一是各国外汇储备作为自我保险；二是各国双边货币互换；三是区域金融安排；四是以国际货币基金组织（IMF）为核心的全球危机干预和预防资源。新冠肺炎疫情暴发后，各多边国际组织包括IMF、世界银行、G20、G7等先后给予贫穷国家债务减免。2020年4月13日，IMF给予25个贫穷国家债务减免。IMF现有的借贷能力为1万亿美元，相当于全球金融危机爆发时的4倍多（Kristalina Georgieva，2020）。4月15日，G20财长和央行行长宣布允许贫穷国家从2020年5月1日至2020年底暂停支付本息，共有77个国家和地区可以享受该计划的好处，该计划规模约为120亿美元。

总之，尽管在个别国家有反复，但各国新的金融监管体系已经建立，其作用明显加强。而国际间金融监管合作尚处于起步阶段，还在磨合之中。这次新冠肺炎疫情的爆发就是对全球金融安全网最好的考验，人们已经看到这个安全网正在开始发挥作用，目前对新兴市场国家的救困是否充分，已经引起质疑（Kavaljit Singh，2020），其最终结果如何还有待观察。

在所有的变化中，最让人担忧的是第四个变化——全球债务杠杆率上升到前所未有的高度。据统计，全球非金融债务杠杆率在2019年第三季度达到239%，超过了2008年第一季度215.6%的高点，增加了23个百分点。其中，发达国家债务杠杆率大体维持盘整，增加了20个百分点；发展中国家债务杠杆率快速上升，从119.6%上升到187.9%，上升了超过68个百分点，这也是全球总体债务杠杆率上升的主要原因。在新兴市场国家总债务杠杆率的上升中，中国占比最大。2008年之前中国总债务占新兴市场国家总债务的比重约30%，而截至2019年第三季度，该比例已翻倍，达60%。2008年之后新兴市场国家新增的债务中，中国所占比例更是高达71%。中国整体债务比从2008年第一季度的146%，增加到2019年第三季度的257.3%，接近发达国家的水平。另外，还应注意，虽然中国政府债务比例不高，但是地方债务比例较高，特别是家庭和企业的债务增长较快。目前企业债务杠杆率已达到150%，处于较高水平。近年来，由于中国政府采取了稳杠杆的方针，宏观杠杆率过快上升的势头得到了有效遏制。2017—2019年宏观杠杆率累计上升2.8个百分点，远低于2008—2016年年均超10个百分点的升幅（易纲，2020）。

除了关注债务总量和债务总杠杆率，还应关注不同国家债务杠杆率的不同之处。一般而言，发达国家政府债务占比较高，而发展中国家非金融机构的债务占比较高。这从侧面反映了处于不同发展阶段的国家对于资金的需求量是不同的，也体现了金融市场结构的不同会对债务杠杆率产生不同的影响。由于发达国家资本市场较为发达，所以对间接融资的需求相对较小，与之情况恰恰相反，发展中国家的企业（非金融机构）的负债较高。

就发展中国家的债务而言，还存在一个货币错配问题。发展中国家借全球金融危机期间国际金融市场上利率较低之机，借了不少外债，这些外债都是非本币计价。当发展中国家货币处于贬值压力之下时，偿还外债的负担会骤然加剧，这点不可不察。

虽然由于各国情况迥异，难以机械地给定一个数值来衡量债务杠杆率高低的危险程度，但是高债务杠杆率毕竟像一盏红灯、像一声警钟，人们必须给予高度的关注和足够的重视，因为这很可能就是下一场金融危机的导火线，尤其是当前新冠肺炎疫情还在全球肆虐之际。

第五个变化是全球跨境资本流动发生了前所未有的变化，总量收缩以及结构改变。作为各种跨境经济活动的表征，跨境资本流动受到人们越来越多的关注。跨境资本流动不仅是其他跨境经济活动（如贸易、人员流动、技术转移）的必要支持，更由于其本身越来越作为一个独立变量从而对全球经济产生了重大影响。如果观察一下主要发展中国家（巴西、俄罗斯、印度、印度尼西亚、南非和中国）和主要发达国家（美国、日本、欧元区、英国）的跨境资本总量（流入量+流出量），若以季度为衡量标准，可以看到这样的情况：金融危机前的2005—2008年，全球跨境资本总量为3.3万亿美元，而金融危机后的2009年至2019年第三季度，该数值则为2.3万亿美元，下降了30%。如果再分别观察一下发达国家和发展中国家，则前者的数值分别为3万亿美元和2万亿美元，金融危机后比金融危机前下降了33%，后者的数值分别为2 000亿美元和3 672亿美元，金融危机后比金融危机前上升了41%。这是从国家类别来分析跨境资本流动的结构变化。再来从跨境资本三大类别（直接投资、证券投资和其他投资）分析一下其结构变化。就全球主要国家（BRICS+G4）而言，金融危机前的2005—2008年，直接投资的占比为20%，证券投资为

前言

32%，其他投资为 40%。而金融危机后的 2009 年至 2019 年第三季度，三类占比分别是 30%、30% 和 40%，可以清楚地看到，直接投资占比有所上升，而证券投资和其他投资占比均有所下降。这也许反映了金融危机后，人们对实体经济更加重视，投机性资金则有所收敛。新冠肺炎疫情暴发后，出现了人们常说的"突然停止"（sudden stop），即国际资本突然停止流入发展中国家，反而大量流出发展中国家，恶化了发展中国家的国际收入，暴露了其经济的脆弱性。图 2 显示，2020 年第一季度非居民资本流出量为 1 000 亿美元，甚至超过了 2008 年全球金融危机时的最差纪录（IIF，2020）。

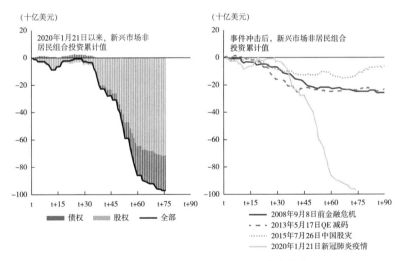

图 2　2020 年第一季度新兴市场的资本外流

资料来源：IIF，每日投资组合流量跟踪。

第六个变化是新兴市场国家在全球金融中的地位得到前所未有的提升。显而易见，这个变化的产生与新兴市场国家的经济快速增长，以及在全球经济所占的比重增加密切相关。2008年全球金融危机爆发后，发达国家的经济受到重创、经济增长低迷，而以中国为代表的新兴市场国家仍保持了较高的经济增长速度，新兴市场国家对全球经济的贡献率逐步上升，现已超过了50%。新兴市场国家在全球金融中地位的提高具体体现在以下几个方面。首先，新兴市场国家金融市场的重要性迅速上升，2006年中低收入国家上市公司总市值仅占全球上市公司总市值的10%，其股票交易额仅占6.3%，而截至2018年，这两项数据已分别上升至20.1%和24.6%。其次，新兴市场国家的外汇储备截至2018年6月底，已占全球非黄金储备的60%，达7万亿美元。这大大增加了这些国家抵御金融危机的能力。最后，新兴市场国家在全球金融治理中的作用大大增加了。金融危机后，IMF进行了配额改革，大幅增加了主要新兴市场国家的配额和投票权。特别是金砖国家合计占到全部SDR（特别提款权）配额的14.2%，以及全部投票权的13.54%，其中中国SDR配额的占比由3.82%提升至目前的6.41%，投票权也增加到6.09%。除此之外，这些国家还通过其他正式或非正式的合作机制，如G20峰会、金融稳定委员会、亚洲基础设施投资银行、金砖银行等积极参与全球金融治理。

在新兴市场国家金融地位显著上升的进程中，中国无疑起到了重要的作用。中国A股总市值已升至全球第二，先后被三大国际指数纳入其中。中国债券市场已位居全球第三，国债被纳入彭博巴克莱全球综合指数和摩根大通全球新兴市场政府债券指数。截至2019年9月底，中国拥有外汇储备3.2万亿美元，位居全球第一；人民币国际化正在稳步推进，从2016年10月1日起，人民币正式纳入SDR篮子，占比10.92%。值得一提的是，中国对外直接投资增长迅速，2019年已达1 106亿美元，位居全球第二，这不仅说明中国经济金融实力的增强，而且也表明了中国对全球经济的积极贡献。

第七个重要变化是金融科技对金融业的影响前所未见。金融科技对金融业的影响可以分为三个层面进行考察。第一个层面是金融科技改善或影响了现有的金融业态。首先，金融科技提高了经营效率。互联网技术使金融机构大大提高了效率、减少了成本，客户可在网上直接操作和交易。其次，金融科技提升了风险管理水平。互联网、人工智能可帮助金融机构及时采集各部门、各网点的金融数据，并对资金的进出进行动态的监管和分析，能更有效地避免流动性风险。再次，金融科技使客户获得更便捷的高质量服务。金融机构可与客户建立高质量和个性化的关系。最后，金融科技对人力资源的数量和结构提出了新要求。金融科技要求员工有更高的学习能力，具有一定的创造能力，并要增加技术人员和专家的比例。

第二个层面是金融科技创造了全新的金融业务。一是P2P（个人对个人）。通过互联网绕过传统上的金融中介，建立了开放式的借贷平台。二是移动支付。智能手机的"一机在手，走遍天下"，给个人消费、购物和转账带来极大的方便。这已经给信用卡业务带来巨大冲击。三是新型的跨境支付。现在已经出现了新型的跨境支付，即绕开SWIFT，运用区块链技术直接进行点对点的跨境支付。这种新型的跨境支付方式将更利于监控、管理跨境资本流动。四是区块链可能带来的变革。区块链可能让金融发生重大变革，比如在资产类别、服务业务、智能合约等方面带来改变。五是数字货币。自比特币出现后，在非主权货币、跨国、匿名支付领域，数字货币正扮演越来越重要的角色。不少国家的央行开始考虑发行自己的数字货币。中国人民银行在2014年就已经开始对央行发行数字货币进行研究，现已在四个城市进行内部测试。

第三个层面是金融科技对金融监管的冲击。首先，金融科技增加了新的风险。比如P2P贷款由于资金没有用第三方托管，极可能造成平台跑路。其次，金融科技增加了监管难度。金融科技让金融产品的业态变得模糊，使现在分业监管的体系受到挑战。最后，金融科技带来了新的金融监管科技。大数据、人工智能、区块链等也给监管方提供了新的监管手段。

金融科技使得新的业务和事例层出不穷，这已经并将继续给现有的金融机构带来巨大的机会和挑战。金融机构必须扩大视野，前瞻性布局，以应对这种新变化。否则，势必会被这一轮金融科技的大潮卷走。

（三）

人们自然要问上述全球金融格局的七个主要变化为什么会发生？这些变化今后演变的趋势如何？尤其是新冠肺炎疫情在全球肆虐的当下，对如何防止金融崩溃具有什么意义？

产生上述七个重大变化的原因大致可以分为直接的或触发性的以及根本性的两大类。具体地说，显而易见，全球金融危机是触动大部分变化的直接原因。正是因为这场危机，引起了全球性恐慌，为了挽救金融市场不至于全面崩溃，美联储及其他发达国家的中央银行先后采取了非常规的量化宽松货币政策。这自然而然地加强了各国央行的作用。基于同样的原因，发达国家货币政策对本国的影响和溢出效应明显地增大了，各国金融监管和国际监管协调与合作得到了前所未有的提升。这是上述变化一、变化二、变化三的情况。变化四和变化五，即债务杠杆率上升和跨境流动资本的变化，也或多或少与全球金融危机带来的影响有关。另外，就是与根本性的原因有关。主要是与经济全球化有关。由于全球产业链布局的重大调整与新兴市场国家采取了形式不一的开放政策，使得新兴市场国家在全球经济格局中的地位大幅提升。新兴市场国家较高的经济增速需要更多的融资，所以它们的债务杠杆率提高了，尤其是非政府债务占比大幅增加。在跨境资本流动的变化中，流进与流出发展中国家的资金占比增加，以及直接投资在全部类别中的占比增加，无不与此有关。目前，发展中国家对全球经济增长的贡献率已超过50%，显然，这导致了发展中国家在全球金融格局中的地位得到了前所未有的提升。另外一个根本性的原因是科技的突飞猛进，而金融则是整个经济活动的"血液"或软性基础设施，二者结合则使得金融生态产生了前人难以想象的变化。

这七个重大变化今后演变的趋势与其产生的影响有很大关系。概而言之，由根本性的因素而产生的变化，即新兴市场国家金融地位上升和金融科技的巨大作用将会继续演进，直到其潜能全部发挥为止。由直接的因素而产生的变化，今

前　言

后演变则有三种可能。第一，变化差不多已经到头了，再发展下去的空间不大了，金融监管就属于这种情况。第二，今后的趋势不确定，取决于外部因素和政策的应对，债务杠杆率和跨境资本流动则属于这种情况。第三，出现新的因素，例如，正在全球肆虐的新冠肺炎疫情可能会对上述变化产生影响，比较明显的是，央行的作用和货币政策影响的变化会增强，金融科技的作用将更加大。

可以想象，人们尤其会关心上述七个重要变化究竟是否会增加全球金融的脆弱性？在当前是否会再次引起全球金融危机？众所周知，货币所蕴含的购买力具有高度的波动性，其供给和需求也具有相当大的不确定性，正是货币本身的这种不确定性从内涵上导致了金融的不稳定性或脆弱性。费雪（Fisher，1933）较早对金融脆弱性产生的机制进行了深入研究，他提出金融体系的脆弱性与宏观经济周期相关，尤其与债务的清偿密切相关，认为金融体系的脆弱性是由于过度负债而触发债务——通货紧缩机制。尽管此后的研究也发现即使在经济周期的非衰退阶段，金融脆弱性同样存在，但是在经济周期的下行阶段，金融脆弱性更容易引发金融危机则是符合历史事实的。在现代研究者中，明斯基（Hyman P. Minsky, 1992）最先对金融脆弱性问题做了比较系统的研究，形成了"金融脆弱性假说"，认为在经济繁荣期中就已经播下了金融危机的种子。他认为，有两个主要原因可以解释这个现象：一个是代际遗忘，是指由于上一次金融危机已经过去很久，一些利好事件推动金融业的繁荣，贷款人对当下利益的追求战胜了对过去危机的恐惧。人们会下意识地认为当前资产价格的上涨趋势将持续下去，于是推动了更多的购买。另一个是竞争压力，贷款人出于竞争的压力而做出许多不审慎的贷款决定。可以清楚地看到，费雪和明斯基的分析框架仍然适合离上次全球金融危机爆发已有十年的今天（上海发展研究基金会，2018）。

我们在2018年的研究报告中曾经指出当时有三个"叠加"，即：第一个是美国和中国经济周期下行阶段的叠加，第二个是美国加息周期与某些发展中国家自身脆弱性的叠加，第三个是特朗普政府加征关税和其他国家采取反制措施的叠加。"上述三个叠加不是孤立的，而是相互影响的。可能出现'叠加'的叠加，这种情况最可能发生的时间段是2019年下半年至2020年。"（上海发展研究基金会，2018）未曾料到的是，在2019年末和2020年初爆发的全球新冠肺炎疫情成为真正的触发因素，引发了全球金融危机后又一次全球性大灾难。

突如其来的新冠肺炎疫情就其本质而言，属于全球性的公共卫生事件，它对各个国家的经济、社会、政治以及全球

前 言

地缘政治都已经并将继续带来深远的影响。就其对经济影响而言，它是一个外生变量，这就是为什么美联储前主席伯南克会讲这个结果就像自然灾害，但也不尽然。

一般的自然灾害波及的面比较窄，而且是一次性的。然而，这次疫情波及了几乎全球所有的国家，并且它是延续性的，截至到现在都没有结束，这就对金融市场造成了一种不确定性。而这种不确定性会造成金融市场的低效、无效，甚至会出现断裂。它对经济负面影响的恶果正在逐步显现。中国第一季度的GDP增长率是−6.8%，这是中国改革开放以来最低的一次；美国第一季度的GDP增长率是−4.8%，这也是美国2008年以来最低的一次。由于中国较早地控制了疫情，所以一般预测中国经济第二季度会有所反弹，IMF在6月份预测中国2020年GDP能达到1.0%，而美国现在疫情还没有完全控制住，它的病毒曲线可能比较平缓，即延续的时间可能会更长，所以美国第二季度的GDP负增长是一个大概率事件。由于中美两国经济对全球增长贡献率将近50%，所以这两个国家经济运行的状况对全球经济的影响非常大。如果中国经济能在2020年余下的时间里保持一定的增长，那么全球进入大萧条的可能性就比较低。

根据IMF的统计，1970—2011年发生的全球金融危机中，叫得上名字的无非是拉美债务危机、亚洲金融危机、欧洲债务危机等，能称得上全球性的也只有 2008 年的全球金融危机，而 2008 年全球金融危机的源头则是美国次贷危机，因此关注主要大国经济状况从而识别全球金融脆弱性的破裂点是不无道理的。

另外，虽然新冠肺炎疫情的冲击是外生变量，但它有可能同金融内生变量产生互相作用，这个我们要予以警惕。不过到目前为止，还尚未看到大规模的金融断裂，也没看到大规模的金融机构陷入破产，这一点与 2008 年全球金融危机是不一样的。因此，这次疫情对经济负面影响是不是一定会触发全球金融危机，现在还无法判断。

（四）

在雷曼兄弟公司破产十周年之时，国际经济界对全球金融危机产生原因、应对措施及对今后的启示议论纷纷。美国彼时的金融"三巨头"——伯南克、盖特纳和保尔森——为此进行了聚谈。特别是伯南克还专门发表了论文，分析了 2008 年全球金融危机产生的原因。一般认为，利息上升是家庭资产负债缩表的主要原因，伯南克用实证的方法验证了他的主要观点，即如果金融机构没有做出过分的、恐慌的反映，金融危机的后果不会如此严重（Ben Bernanke, 2018）。诸如此类的分析还有很多。这里存在两个问题：一是往往仅聚焦于一国（主要是美国）的国内情况，忽视了全球的情况。例如，中国当时果断采用了"四万亿"计划刺激经济，对于防止全球经济进一步下滑发挥了重要作用，但是当时各种分析几乎完全忽略了这一点（Doyle，2018）。另外，过于关注数据而对于人的行为分析不够。例如，上述伯南克的分析，从数据上看，确实金融机构的过分恐慌对于金融危机的形成和扩散起到了更大的作用。问题在于，从人的本性出发，无论是避险或是贪婪，怎能对次贷违约的剧增不做出反应呢？！这种反应又怎能像事后根据数据分析的那样精准呢？！在这点上我们同意拉里·萨默斯的说法："解释过去要比预测未来容易。但是基于人类会变得更加贪婪和恐惧，经济波动及危机理论似乎比基于精确的优化理论更加富有成效"（Larry Summers，2018）。巴菲特在接受CNBC采访时通俗地用邻居间互相攀比的例子，说明由于人的本性——忌妒和贪婪——下一个泡沫是不可避免的。

记得2008年全球金融危机爆发后，经济学家因未能及时预测其爆发而受到了严厉的批评指责。其实这些批评没有真正理解经济学的本质，而过高地估计了经济学的功能和作用。众所周知，就预测地震而言，地质学结合其他学科根据历史信息、地壳运动的态势，只能对其发生的大概方位、可能的时段做出分析，而无法对其发生的精确位置和时点做出准确的预测。同样，经济学对于预测经济或金融危机大致也处于类似的境况，更何况经济学研究的是经济规律，而运营经济受其影响的是人，以及人的群体——社会，而人的行为、社会变化的不可预测性则远远超过地壳运动的变化。正是基于这样的认识，我们以谦卑的态度着重描述了全球金融格局变化的事实与特征，阐述了产生这些变化的动因、含义和趋势，并分析了其对全球金融脆弱性的影响。与此同时，我们对于这些变化可能引发的金融危机的可能性、形式和时间段仅仅做了粗略的描述，并认识到我们没有能力对金融危机做精准地预测。然而，我们仍然认为这种粗略的描述和预判是有意义的，因为它至少提供了观察的方向和分析的框架，即使在新冠肺炎疫情期间，同样如此。

上 篇

事实和特征

第一章

中央银行的作用前所未有地增大

2008年金融危机前,各国央行的主流政策框架以常规货币政策为核心。金融危机爆发后,为了应对金融危机所引起的经济衰退,各国央行先后推出一系列非常规货币政策,这次新冠肺炎疫情暴发后也是如此。同时,为了抑制金融体系的顺周期波动和系统性风险,各国先后由央行主导构建了宏观审慎框架。此外,央行还部分地参与到金融监管当中。中国也明确提出了货币政策和宏观审慎政策"双支柱"的宏观调控框架。正是由于这些情况,各国央行的作用开始前所未有地增大。

一、非常规货币政策盛行

在金融危机前,全球大部分央行的主要货币政策工具是调节短端利率,并影响公众对短端利率的预期,然后通过货币政策的传导渠道,将政策利率的调节传导至整个宏观经济，包括消费、产出和通胀。

具体到操作层面，中央银行通过公开市场操作，与特定的交易对手进行交易，从而改变资金供应，使政策利率达到目标水平。在公开市场操作的过程中，中央银行向交易对手借出资金往往需要安全的抵押品，比如国债等。

然后，短端利率通过传导渠道，传导到各金融市场。货币政策的传导渠道，包括政策利率向短期资金市场、长期债券市场、银行借贷市场、汇率市场以及股票市场的传导。

要确保货币政策传导通畅，需要具备以下条件：首先，政策利率有足够的上下调节空间，不会被零利率下限约束；其次，不同的金融市场之间有足够的套利行为，使得不同的利率能够跟随政策利率变动；最后，公众有稳定的通胀预期，从而保证政策利率的调节最终传导至实际利率。

在金融危机后，常规货币政策作用出现阻滞。一方面，金融市场对政策利率的下调反应不敏感；另一方面，政策利率下调触及零利率下限。为了解决上述问题，各国央行推出了一系列的非常规货币政策。这些非常规的货币政策可以分为以下四种。

一是大规模的资产购买，即量化宽松。央行购买长期国债，直接压低长端利率。同时，央行购买公司债券，通过风险资产的购买来降低风险溢价，不但促使企业与家庭的融资成本进一步降低,而且达到刺激消费、投资和生产的目的。

二是新的央行借出操作工具。比如提高逆回购的频率,提供更长期限的资金,创造新的流动性便利工具,增加可接受抵押品的范围。例如英格兰银行提高了长期逆回购的频率,从每月上升到每周,欧央行推出长期再融资计划（LTRO）。

三是前瞻指引,影响人们的通胀预期来降低实际利率。央行为其通胀目标做出强有力的承诺,清晰且持续地与公众展开沟通,并且采取措施来实现这些承诺。通过这样来引导市场形成通胀预期,压低实际利率水平。

四是引入名义负利率,打破了零利率的下限。比如2014年6月,欧央行宣布将隔夜转存利率下调至 -0.1%;日本央行在2016年1月,对金融机构在央行的存款采取 $0\sim0.1\%$ 的负利率。政策利率的负利率最终将传导至银行的借款利率,从而拉低整体的利率水平。

非常规货币政策大大拓宽了货币政策的作用范围,使央行的作用显著增强。有观点认为,在非常规货币政策的运用过程中,央行的角色由"最后贷款人"扩展到"最后交易商"。①

---

① 2018年崔之元在"数字资产研究院"研讨会上的发言,题目为"金融危机与贸易摩擦"。

在对金融市场的影响上，首先，为了疏通货币政策的传导渠道，央行直接参与更多金融市场的交易，从而影响不同金融市场的利率和价格。比如，在量化宽松的过程中，央行从市场购买长期国债，从而直接参与国债市场，影响长端利率，影响期限利差。央行还购买风险资产，比如公司债券、抵押支持债券（MBS），从而直接参与信用市场，影响风险资产的价格，以及影响信用利差。其次，央行在向金融机构贷款的措施层面进行了创新，比如拓展了再融资的交易对手，将再融资抵押品拓宽至信用债，延长借出资金的期限和规模。这使得央行成为更多金融机构的交易对手，在对市场的流动性补给方面发挥了更高的作用。

在对实体经济的影响上，一方面，央行通过对金融市场施加影响，降低社会的融资成本，提高了社会的流动性补给，解决了实体经济融资数量少和价格高的问题；另一方面，央行通过前瞻指引，直接影响社会的通胀预期，从而进一步压低实际利率。两者共同影响了个体的消费和投资行为，促进了社会的生产和经济复苏。同时，非常规货币政策的实行推高了资产价格，比如美国股市在 2008 年全球金融危机后就进入了长期的牛市。由于富人往往持有更多的资产，所以金融危机后的一系列货币政策措施有利于富人，加剧了贫富差距。

在第二章中，我们还将具体分析金融危机后发达经济体央行的货币政策对全球金融市场及实体经济的影响。

二、负责宏观审慎监管

全球金融危机使得各国都意识到宏观审慎监管的重要性。各国宏观审慎政策的主导分为三种模式：一是由央行的某个部门主导，二是由设在央行内部的委员会主导，三是由设在央行外部的委员会主导。其中第一种和第二种模式最为普遍，即使在第三种模式中，央行也至少会负责监测分析系统性风险并提出建议。虽然各国在构建宏观审慎政策管理架构时具体的操作实施有所不同，但都强化了央行在宏观审慎政策框架中的地位。

宏观审慎政策的核心是从宏观的、逆周期的视角采取措施，防范由金融体系顺周期波动和跨部门传染导致的系统性风险，从而维护货币和金融体系的稳定。宏观审慎不是一个新的概念，全球金融危机前已有不少国家采取了一些相关措施，但全球金融危机后国际社会对宏观审慎的认识更加深刻，推进的步伐也明显加快。2010年，国际社会关于强化宏观审慎政策的努力已取得积极进展，初步形成了可操作的政策框架。2010年末G20批准了《巴塞尔协议Ⅲ》的基本框架，在最低监管资本要求之上增加了基于宏观审慎的资本要求，包括逆周期资本缓冲、系统重要性额外资本要求等，这体现了加强宏观审慎管理、增强逆风向调节的诸多进展。国际金融管理改革实践则呈现出由中央银行主导宏观审慎政策的趋势：美国金融改革法案强化了美联储对系统重要性金融机构的监管；英国政府授权英格兰银行负责宏观审慎管理，并把金融监管权从金融服务局转移到中央银行；新修订的《韩国银行法》则进一步强化了韩国银行的宏观审慎职能，赋予其维护金融稳定的必要工具和手段。

由于宏观审慎政策的重要性上升，全球出现了货币政策与宏观审慎政策更紧密融合的趋势。不少央行在实质上成为货币政策和宏观审慎政策"双支柱"调控框架的核心。例如，英国将货币政策、宏观审慎政策和微观审慎监管职能集中于央行，在已有的货币政策委员会之外，设立金融政策委员会（FPC）负责宏观审慎监管。而货币政策和微观审慎管理分别由英格兰银行下属的货币政策委员会（MPC）和审慎规制委员会（PRC）负责。这样的安排使得货币政策、宏观审慎政策和微观审慎监管能够在英国央行内部有效协调。欧元区也成立了欧盟系统性风险委员会（European Systemic Risk Board，ESRB），逐步建立以欧央行为核心、欧央行和各成员国审慎管理当局共同负责的宏观审慎政策框架。欧央行负责制定整个欧元区的宏观审慎政策，有权对欧元区银行业金融机构实施统一监管，同时指导和协调各成员国的宏观审慎政策。

此外，中国人民银行也较早开展了宏观审慎政策实践。

第一，不断健全和完善宏观审慎政策框架，引导金融机构强化自我管理和约束。2011年正式引入差别准备金动态调整机制，其核心是金融机构的信贷扩张应与经济增长的合理需要及自身的资本水平等相匹配，不能盲目扩张和过度加杠杆；2016年针对金融市场和金融创新的快速发展，将差别准备金动态调整机制"升级"为宏观审慎评估体系（MPA），将更多金融活动和资产扩张行为纳入宏观审慎管理，从资本和杠杆、资产负债、流动性、定价行为、资产质量、跨境融资风险、信贷政策执行七大方面对金融机构的行为进行引导，实施逆周期调节；2017年将表外理财对应的资产纳入MPA广义信贷指标范围，以引导金融机构加强表外业务的风险管理；2018年进一步把同业存单纳入MPA同业负债占比指标考核。

第二，将跨境资本流动纳入宏观审慎管理范畴，从外汇市场和跨境融资两个维度，从市场加杠杆融资和以自有资金短期炒作两种行为模式入手，以公开、透明、市场化的手段进行逆周期调节，促进金融机构稳健经营，维护金融稳定。2015年8月，人民银行将远期售汇纳入宏观审慎管理框架，对开展代客远期售汇业务的金融机构收取外汇风险准备金；2016年1月，人民银行决定自2016年1月25日起，面向27家金融机构和注册在上海、广东、天津、福建四个自贸区的企业扩大本外币一体化的全口径跨境融资宏观审慎管理试点；2016年4月，人民银行决定从5月3日起在全国范围内实施本外币一体化的全口径跨境融资宏观审慎管理框架；2017年1月，人民银行印发《关于全口径跨境融资宏观审慎管理有关事宜的通知》，进一步完善本外币一体化的全口径跨境融资宏观审慎管理框架。

第三，继续加强房地产市场的宏观审慎管理，形成以因城施策差别化住房信贷政策为主要内容的住房金融宏观审慎政策框架。

三、参与金融监管

全球金融危机后，金融监管的负责机构发生了转变。大部分央行更多地参与到金融监管当中，这是央行作用增强的第三个具体表现。

（一）英国

如前文所述，英国将原金融服务局拆分为审慎监管局

(PRA)和金融行为监管局(FCA),其中 PRA 设在英格兰银行内部,从而将部分微观审慎监管职责收归央行。之后又设立新的审慎规制委员会(PRC),取代 PRA,升级为与货币政策委员会和金融政策委员会并列的英格兰银行直属委员会,负责微观审慎监管。

(二)美国

2010 年 7 月,美国颁布《多德 – 弗兰克华尔街改革和消费者保护法》,建立了宏观审慎政策框架。在这一框架下,强化美联储对系统重要性金融机构的监管职能;在美联储内部设立相对独立的消费者金融保护局,行使金融消费者权益保护职责。从而建立以美联储为核心,与联邦存款保险公司及行业金融监管机构等相协调的宏观审慎政策框架,中央银行的金融监管职能明显增强。

(三)中国

在全球金融危机前,中国采用"一行三会"的监管体系。在全球金融危机后,人民银行的金融监管职能得到加强。具体表现在:一是 2017 年 7 月成立"金融稳定与发展委员会",办公室设在中国人民银行;二是 2018 年 3 月,在银保监会合并的过程中,重要法律法规草案和审慎监管基本制度的拟订权划归人民银行，从而形成了由金融委统筹协调，以健全货币政策与宏观审慎政策为"双支柱"，综合考虑微观审慎、行为审慎等因素的多目标监管制度。

最后需要指出，伴随着央行作用的增强，国际社会出现了对央行独立性的质疑和担忧。央行独立性一般是指央行在制定与实施货币职能时的自主性。2018年土耳其汇率暴跌，其背后的原因是土耳其总统向该国央行施压，让其维持宽松的货币政策以实现经济增长的目标，从而导致了通胀飙升和经常账户赤字恶化。一直以来，美联储都具备较强的独立性。但在特朗普上台后，曾多次在推特上表达了对美联储加息的"不高兴"，打破了美国总统对货币政策不表态的传统。2017年，共和党控制下的美国参众两院两位议员曾提出"审计美联储"，认为国会应当进一步强化对美联储所言所行的监控，理由是美联储不是民选的机构，让其主导美国经济事务让人不放心。2020年，随着新冠肺炎疫情的蔓延以及美国股市的暴跌，特朗普多次在推特上发表希望美联储降息的言论。随后，2020年3月15日，美联储宣布在既定的加息会议之前，紧急将联邦基金利率目标区间下调至0～0.25%，许多人怀疑美联储此举是受政治力量的影响。综上所述，央行作用的增强和央行独立性的保持，两者如何平衡？这个问题值得进一步的研究。

第二章

发达经济体货币政策的国内外影响前所未有的显著和复杂

2008年全球金融危机爆发后，发达经济体普遍采取了一系列非常规的货币政策。与传统货币政策相比，这些政策对这些经济体经济的影响更加显著，也更加复杂，导致了令人喜忧参半的结果。一方面，非常规的货币政策成功地减缓了全球金融危机带来的冲击，使发达经济体实现了比危机前更加充分的就业。另一方面，在刺激经济复苏的同时，非常规货币政策催生了发达经济体的金融资产泡沫，加剧了社会的贫富差距，从而反过来削弱了经济持续增长的动力。

布雷顿森林体系崩溃以后，全球金融市场的自由化和一体化程度大幅提高。由于发达经济体在全球经济和金融体系中举足轻重的地位，这些经济体（特别是以美国为首的国际货币发行国）的货币政策对世界其他国家与地区的经济、金融变量具有显著的溢出效应，人们通常认为其传导的渠道主要是国际贸易和实体经济（Rüffer & Stracca, 2006）。然而全球金融危机爆发后，许多研究已经表明发达经济体的货币政策对其他经济体的汇率、利率、跨境资本流动和风险偏好等金融变量都具有显著影响（CGFS，2011；Schnabl，2012；Cetorelli，Goldberg，2012；Gorton，Metrick，2012；等），金融市场放大了发达经济体货币政策的溢出效应也增加了传导机制的复杂性。

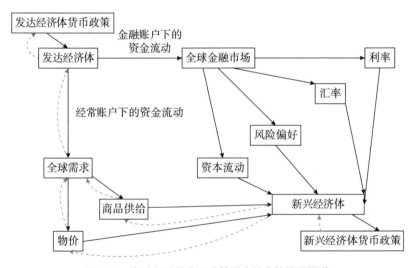

图 2-1 发达经济体货币政策溢出效应的传导渠道

注：虚线表示随着新兴经济体经济规模的增大，发达经济体也在一定程度上受到其货币政策通过实体经济渠道"溢回"（spill back）的影响。

一、非常规货币政策对发达经济体的影响

为了应对全球金融危机，美联储创设了一系列新的货币政策工具，并推出了大规模资产购买计划，旨在向金融市场

和实体经济注入流动性。

新的货币政策工具主要包括：期限拍卖融资便利（TAF）、一级交易商信贷便利（PDCF）、定期证券借贷便利（TSLF）、资产支持商业票据货币市场共同基金流动性工具（AMLF）、货币投资者资金便利（MMIFF）、商业票据融资工具（CPFF）、定期资产支持证券贷款工具（TALF）等。其中，TAF 和 PDCF 是美联储原有贴现窗口和公开市场操作的拓展，仍然通过存款性金融机构或一级交易商执行，但是延长了借出资金的期限和抵押品的范围。AMLF 和 MMIFF 是针对货币市场注入流动性的工具，两者的区别在于 AMLF 允许合格对手方从赎回压力较大的货币市场基金手中购买满足一定评级要求的资产纸质票据，并以此为抵押品从美联储融资，MMIFF 是美联储通过 SPV（特殊目的载体）直接购买货币市场基金的资产，且购买资产的范围较 AMLF 有所扩大。TSLF 和 CPFF 是针对债券市场注入流动性的工具，前者允许一级交易商用手中的投资机构企业债券、MBS 或 ABS 与美联储交换国债，后者是美联储通过 SPV 直接购买美国国有企业发行的 3 个月期限以上的商票。TALF 是针对信贷市场注入流动性的工具，允许美国公司以汽车贷款、学生贷款、信用卡贷款、设备贷款、美国小企业管理局（SBA）担保的小企业贷款等 AAA 级 ABS 为抵押品，通过代理金融机构申请抵押贷款，且美联储对这些抵押借款没有追索权。

资产购买计划则主要包括：从2009年3月至2010年3月，美联储通过购买1.25万亿美元MBS、1 750亿美元机构债券和3 000亿美元美国国债，以及累计投放17 250亿美元基础货币（QE1）；从2010年11月至2011年6月，美联储每月购买750亿美元长期国债和累计购买6 000亿美元（QE2），并在2011年10月至2012年6月末，进行了4 000亿美元的扭曲操作，即卖出短期国债，买入长期国债；从2012年9月至2014年10月，美联储每月购买400亿美元MBS和450亿美元长期国债（QE3）。

需要指出的是，2020年全球新冠肺炎疫情暴发后，美联储迅速重启并扩大了非常规货币政策。3月16日宣布了7 000亿美元的量化宽松政策（QE）（5 000亿美元的美国国债和2 000亿美元的机构抵押贷款支持证券），以支持金融市场。3月17日再次启用全球金融危机期间创设的CPFF和PDCF，分别用来缓解美国国有企业短期流动性的紧张和货币市场流动性的紧张。3月23日宣布无限量QE（购买美国国债和抵押贷款支持证券不设具体数量目标），再次启用全球金融危机期间创设的TALF，旨在满足消费者和小企业的信贷需求。此外还创设了两种新工具：一级市场企业信贷便利（PMCCF）

和二级市场企业信贷便利（SMCCF）。通过PMCCF，美联储首次开始在一级市场购买投资级企业债；通过SMCCF，美联储首次开始在二级市场购买投资级企业债和以ETF形式存在的企业债投资组合。4月9日，美联储推出2.3万亿美元的救助计划，将3月22日以前是投资级但在后来被降级的高收益债券纳入资产购买的范围，旨在更广泛地支持企业和地方政府。

表2-1 疫情冲击后美联储的货币政策

工具	宣布时间	内容
降息	3月13日	联邦基金利率50bp 1%~1.25%
	3月15日	联邦基金利率100bp 0%~0.25%
回购		多次
量宽	3月15日	7 000亿美元QE（5 000亿美元购国债，2 000亿美元MBS）
	3月20日	750亿美元国债
	3月23日	3月23日~3月30日每天购买750亿美元国债，500亿美元MBS
		无限量按实际需要购买
货币互换	3月20日	增加9家银行（澳大利亚、巴西、丹麦、韩国、墨西哥、挪威、新西兰、新加坡、瑞典）
	3月21日	提高5家央行互换频率（加拿大、英国、日本、欧洲、瑞士）
新设工具	3月31日	外国央行临时回购协议（FIMA）
总量（一季度）		1.6万亿美元

资料来源：上海发展研究基金会。

欧洲央行和日本央行也在全球金融危机爆发后采取了一系列量化宽松政策。

欧洲央行创设了以下货币政策工具。2009年5月开始实施主要再融资计划（MRO）和长期再融资计划（LTRO）以强化信贷支持，之后还进行了多次期限延长和范围扩大，以应对不断发酵的全球金融危机和2010年爆发的欧洲债务危机。2009年7月推出资产担保债券购买计划（CBPP）：欧洲央行和各成员国央行直接购买在欧元区发行的以欧元计价的资产担保债券，增加债券市场流动性，促进金融机构扩大信贷规模。2010年5月启动证券市场计划（SMP）：欧洲央行直接购买欧洲区主权债受困国的政府债券。2012年9月推出直接货币交易（OMT）以取代证券市场计划：欧洲央行承诺无限量购买国债，并表示放弃优先偿还权，同时将购债与欧洲稳定机制的救助条件绑定。2020年新冠肺炎疫情在全球肆虐之际，欧洲央行公布了新的LTRO工具，并宣布提供1 200亿欧元的即时流动性支持，此外还推出了紧急疫情购买计划，预计资产购买规模将达到7 500亿欧元，并持续至2020年底。

日本央行早在2001年就实施过量化宽松政策。为了应对全球金融危机，日本央行从2010年10月开始再次实施量化宽松，一方面通过该计划向银行提供长期固定利率贷款，另一方面购买多种金融资产，包括日本国债、企业债、ETFs（外汇贸易基金）等。2013年4月推出了QQE（量化与质化宽松），将操作目标从利率转向货币基础，通过远远超过综合宽松政策下的数额购买更大规模的资产，使长期利率比之前更大程度地下降，并进一步扩大对ETFs等风险资产的购买，大幅压低风险溢价。2016年9月推出了"伴随收益率曲线控制的QQE"，通过调节短期利率和10年期日本国债利率，维持日本国债收益率曲线形状，以实现2%的通胀稳定目标。

在采取的量化宽松政策的同时，发达经济体将政策利率保持在极低甚至负值水平。量化宽松和低利率是一对相生相伴的产物。一方面，短期利率逼近零值下限（zero lower bound）迫使央行只能通过购买长期资产释放流动性；另一方面，央行购买长期资产降低了收益率曲线的斜率，同时压低了整体利率水平，甚至使部分无风险资产的收益率降到了负值。

美联储从2009年开始将联邦基金目标利率定在0~0.25%，同时开启了量化宽松政策。在随后的6年内，美国中短期国债的收益率降到了零值附近：从2011年下半年到2013年上半年，2年期国债收益率只有0.2%~0.3%（见图2-2）。此后，随着美国经济反弹以及货币政策正常化，美国国债收益率逐步回升，避免了陷入负利率。2020 年 3 月 16 日，美联储为应对新冠肺炎疫情冲击再次将政策利率降至 0~0.25%。

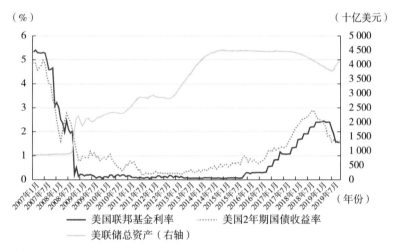

图 2-2 美国量化宽松政策与低利率

资料来源：美联储。

欧洲央行从 2012 年 7 月开始将存款便利利率（欧元隔夜存款利率）定为 0，并于 2014 年 6 月首次将该利率下调至 -0.1%（见图 2-3），这意味着负利率政策的启动，同时欧洲央行正式开启了量化宽松。2019 年 9 月，欧洲央行再次下调存款便利利率 10 个基点，至 -0.5%。受上述货币政策的影响，欧洲 2 年期国债平均收益率从 2015 年 4 月开始由正转负，截至 2019 年 12 月仅为 -0.43%。除了欧元区国家以外，丹麦、瑞士等其他欧洲国家也陆续采取了负利率政策。丹麦的日德兰银行甚至在 2019 年 8 月推出了世界上首例利率为 -0.5% 的按

第二章　发达经济体货币政策的国内外影响前所未有的显著和复杂

揭贷款，意味着负利率正逐步从无风险资产向其他资产扩散。

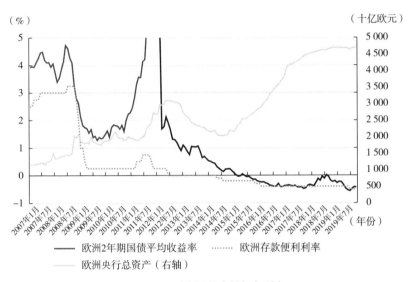

图 2-3　欧洲量化宽松与负利率

资料来源：欧洲央行。

日本央行从 2016 年 1 月起将补充存款便利利率由 0.1% 调为 –0.1%（即对商业银行超额存款准备金支付负利率），并延续了量化宽松政策（主要通过购买国债扩大资产负债表）。受此影响，日本 5 年期国债收益率从 2016 年 2 月开始持续为负；10 年期国债收益率在零值附近波动，在 2016 年和 2019 年也落入了负区间。截至 2019 年 11 月，日本 5 年期和 10 年期国债收益率分别为 –0.2% 和 –0.1%（见图 2-4）。

以上非常规货币政策对发达经济体本身的影响作用如何呢？

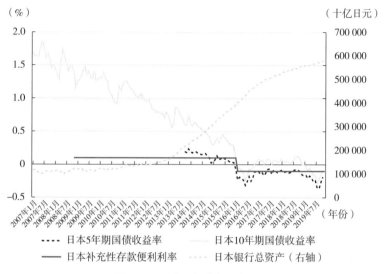

图 2-4　日本量化宽松与负利率

资料来源：日本银行。

一方面，非常规货币政策有效避免了发达经济体陷入经济衰退，并实现了比全球金融危机前更加充分的就业。美国从 2009 年开始实施了长达 6 年的量化宽松政策，从 2010 年开始美国经济没有再出现濒临衰退的情况，季度同比增速基本都在保持 1%～3%（见图 2-5），虽然波动中枢略低于全球金融危机前[①]，但是考虑到美国庞大的经济总量，全球金融危机后美国经济复苏的力度实属强劲。从最新的数据来看，尽

---

① 1998 年第一季度至 2007 年第四季度（危机前十年），美国实际 GDP 增速季度数据均值为 3.1%；2010 年第一季度至 2019 年第四季度（采取量化宽松政策后十年），上述数据均值为 2.3%。

第二章 发达经济体货币政策的国内外影响前所未有的显著和复杂

管新冠肺炎疫情对全球供应链造成冲击进而影响了美国制造业，但是2020年2月美国供应管理协会（ISM）非制造业采购经理指数（PMI）录得57.3，超过市场预期的54.9和1月录得的55.5，反映出美国本身的经济增长动力依然强劲。

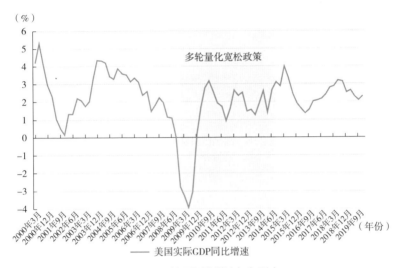

图 2-5 美国经济增速与负利率

资料来源：CEIC数据库。

欧洲GDP实际增速从2012年第一季度开始再度落入负区间，通过多轮调降存款便利利率并且突破零利率的下限，欧洲从2014年开始实现了连续5年高于1.5%的实际经济增长（见图2-6）。

日本经济在2016年初触及了衰退的边缘，第一季度GDP实际增速只有0.2%，通过调降补充性存款便利利率至-0.1%，日本经济开启了长达2年、力度较大的反弹（见图2-7）。

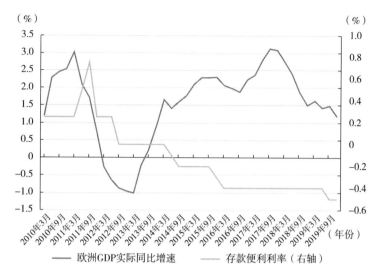

图 2-6　欧洲经济增速与负利率

资料来源：欧洲中央银行，CEIC 数据库。

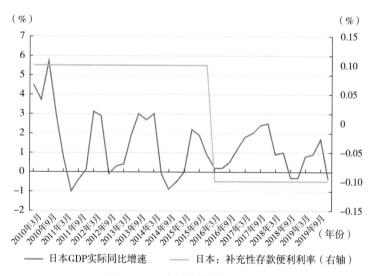

图 2-7　日本经济增速与负利率

资料来源：日本经济综合研究所，CEIC 数据库。

第二章　发达经济体货币政策的国内外影响前所未有的显著和复杂

从就业的角度来看，美国、日本的失业率均从2010年开始持续下降，美国2019年平均失业率为3.7%，日本则只有2.4%，两国都接近充分就业。欧洲的失业率从2014年实施负利率政策之后开始回落，2019年平均失业率为6.7%，低于2007年的7.5%（见图2-8）。

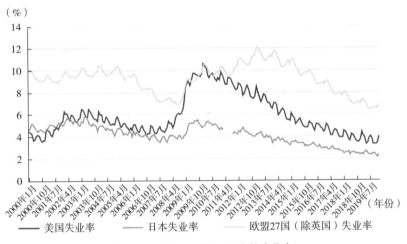

图2-8　美国、欧洲、日本的失业率

资料来源：CEIC数据库。

无论是美国、日本还是欧洲，这些经济体都已实现了进入21世纪以来最高的就业水平，并且都没有出现过高的通货膨胀。因此必须承认，非常规货币政策有效缓解了全球金融危机对发达经济体经济的冲击。

另一方面，非常规货币政策在刺激经济复苏的同时，催生了发达经济体的金融资产泡沫，加剧了社会的贫富差距，从而反过来对经济持续增长的动力造成了一定的削弱。全球金融危机后，美国和日本很快采取了量化宽松政策，直接向市场注入流动性。这在一开始成功抑制了金融市场的恐慌，然而随后多轮的量化宽松使得金融机构开始过度地承担风险，表现为以股票为代表的一系列资产价格大幅上涨。美国、日本的股票价格从 2014 年开始超越全球金融危机前的高点。从 2009 年 1 月～2019 年 12 月，美国纽约综合指数累计上涨 168%，美国纳斯达克综合指数累计上涨 487%；同期日经 225 指数累计上涨 196%。欧洲央行启动资产购买计划行动较晚，投资者的信心也较晚恢复，截至 2019 年 12 月，道琼斯欧洲斯托克指数较 2009 年 1 月累计上涨了 95%，但仍低于全球金融危机前的高点（见图 2-9）。

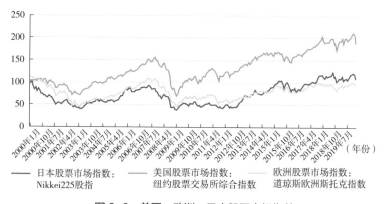

图 2-9　美国、欧洲、日本股票市场指数

注：为便于比较，本图以 2000 年 1 月为基期，令该月各经济体股票市场指数均为 100。

资料来源：CEIC 数据库。

第二章 发达经济体货币政策的国内外影响前所未有的显著和复杂

不过由于欧洲央行长期保持极低的政策利率并率先实施负利率，欧洲债券价格在全球金融危机后的累计涨幅显著高于美国和日本，2年期欧洲政府债券平均收益率从2008年的4.5%左右下降到2019年的接近0%（见图2-3）。

除了股票市场和债券市场，发达经济体的房价也在全球金融危机后较快地上涨。以美国为例，联邦住房供给金融局公布的房屋价格指数从2011年1月至2019年12月累计上涨56%，较全球金融危机前的高点上涨了25%。2020年初，新冠肺炎疫情在全球爆发触发了全球股票市场的普遍下跌。截至3月11日，美国道琼斯指数在2020年的累计跌幅达到17%，日经225指数累计下跌18%，英国富时100、德国重要股票指数（DAX）等欧洲各国股指累计下跌20%以上。这在一定程度上印证了发达经济体的股票市场确实在全球金融危机后形成了巨大的泡沫。至于债券和房地产价格是否会出现剧烈的下跌目前还有待观察。

无论是中央银行对金融机构的直接救助，还是资产价格的大涨大跌，都会导致国民收入分配更有利于高收入人群，从而加剧发达经济体内部的贫富两极分化（George Packer, 2020）。以美国为例，世界银行估计2016年美国基尼系数达到41.5%（见图2-10），收入前10%人群的收入占全社会收入的30.6%，这两个比值都曾在2010年以前下降之后开始回升，目前均为进入21世纪以来的最高水平。对于经济增长主要靠消费驱动的发达经济体而言，贫富差距的扩大无疑会削弱经济持续增长的动力。

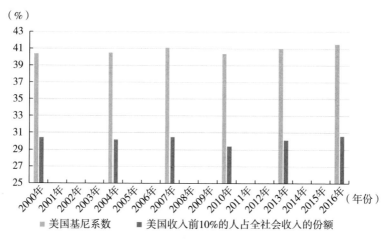

图2-10　美国贫富差距在全球金融危机后回升

资料来源：世界银行。

二、非常规货币政策对新兴经济体的影响

首先，在2014年底美国正式退出量化宽松货币政策前后，主要新兴经济体货币都经历了进入21世纪以来最大幅度的一轮贬值（见图2-11）。人民币相对于BRIICS（金砖六国）中其他五国的货币而言稍显滞后，贬值幅度也最小，但人民币兑美元从2015年6月的6.11∶1持续贬至2016年12月的6.92∶1，累计贬值13.5%，贬值的持续时间和累计

第二章 发达经济体货币政策的国内外影响前所未有的显著和复杂

幅度都创下 1995 年以来之最。当然,人民币的这一轮贬值和汇率定价机制的改革有一定的联系,但根源还是美国经济复苏和量化宽松货币政策的退出造成了人民币对美元的贬值压力。从 2018 年初至 2019 年上半年,美联储进一步加息并开始缩表,主要新兴经济体汇率再次集体贬值,人民币兑美元一度贬至 7.12∶1(2019 年 9 月),2018 年 1 月以来累计贬值 11%。从 2019 年下半年开始,美联储转为降息和扩表,人民币、印度尼西亚盾等部分新兴经济体货币趋稳,但是由于受前期全球流动性紧缩的滞后影响,巴西雷亚尔、南非兰特等基本面脆弱的货币仍承受贬值的压力。

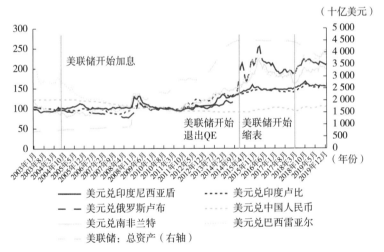

图 2-11　美联储退出量化宽松政策引发新兴经济体汇率集体大幅贬值

注:美元兑某国货币汇率上升表示该国货币贬值,为了方便在一张图上比较,我们对各国汇率进行了标准化,以 2010 年汇率平均值为 100。

资料来源:CEIC 数据库。

其次,发达经济体普遍的低利率甚至负利率环境对全球利率水平具有溢出影响。一是表现为发达经济体之间的传导:尽管美国启动了货币政策正常化,但是美债与欧债、日债之间的利差驱动了跨境资本流动,使得美国、日本、欧盟10年期国债收益率走势基本一致,美国10年期国债收益率一直在低位徘徊(见图2-12)。

二是发达经济体低利率也压低了一部分新兴经济体的利率(见图2-13)。例如,中国国债收益率与美、日、欧国债收益率走势的一致性在全球金融危机后显著提升,这是因为中国经济增长表现较好、金融体系较为稳定,所以吸引了外资的流入。

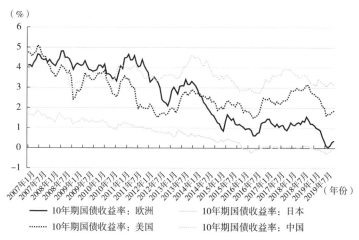

图2-12　全球金融危机后主要经济体的10年期国债利率走势基本一致
资料来源:CEIC数据库。

第二章　发达经济体货币政策的国内外影响前所未有的显著和复杂

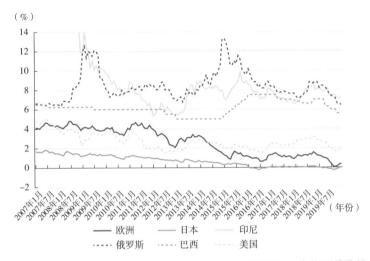

图 2-13　全球金融危机后部分新兴经济体与发达经济体的 10 年期国债收益率
资料来源：CEIC 数据库。

三是低利率的全球蔓延增加了全球金融体系的脆弱性。由于全球流动性的过剩，全球债务杠杆率高企，许多新兴经济体过度举债。2014 年底，美国退出量化宽松政策后，俄罗斯、巴西、印度尼西亚等国遭遇了资本外流，本国利率大幅上升，与发达经济体之间的利差明显走阔。

新兴经济体汇率、利率变化的背后是资本跨境流动。在全球金融危机后的量化宽松期间，新兴经济体总体呈资本净流入，2007—2014 年的年均净流入量为 4 337 亿美元。而在全球金融危机前的十年（1997—2006 年），新兴经济体的年均资本净流入量仅为 1 190 亿美元。在美国退出量化宽松后的 2015 年，新兴经济体连续十多年的资本净流入发生逆转，当年资本净流出 2 473 亿美元（见图 2-14）。

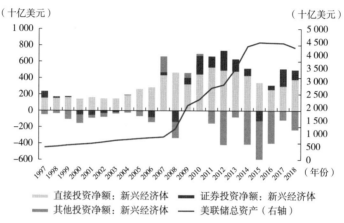

图 2-14　新兴经济体资本流入随量化宽松结束而逆转

注：正数代表流入，负数代表流出。

资料来源：IMF，美联储。

发达经济体的量化宽松政策对新兴经济体汇率和跨境资本流动的影响显著强于传统的货币政策。全球金融危机以前的 2004—2006 年，美联储连续加息虽然也导致了新兴经济体货币的贬值，但主要新兴经济体货币当时的贬值幅度远不及 2015 年以来美联储退出量化宽松政策引起的贬值幅度。2004 年的那一轮美联储加息也没有造成新兴经济体的大规模资本外流，2004—2008 年，新兴经济体的直接投资净流入量是持续增大的。

第二章 发达经济体货币政策的国内外影响前所未有的显著和复杂

三、货币政策调整对全球风险偏好的影响

2013年以后,学术界出现了大量有关发达经济体货币政策影响金融市场风险偏好的论文:例如,Rey(2013)验证了美联储货币政策对全球金融市场风险偏好的显著影响;Adrian和Shin(2013)以及Bruno和Shin(2014)建立了微观模型,刻画了金融机构在控制风险和利润最大化目标下的决策过程,推出了利率、信贷和风险偏好三者的内生作用机制。关于货币政策影响风险偏好的内在机理,学术界也提出了丰富的解释。例如,价值、收益与现金流机制(Borio,Zhu,2012);追逐收益(searching for yield)机制(Rajan,

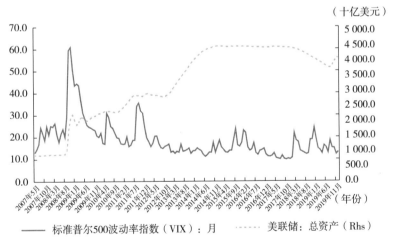

图2-15 美联储资产购买节奏影响金融市场风险偏好

资料来源:芝加哥期权交易所,美联储。

2006);习惯形成(habit formation)机制(Angeloni 等,2013)和央行沟通反馈机制(Altunbas 等,2010)。

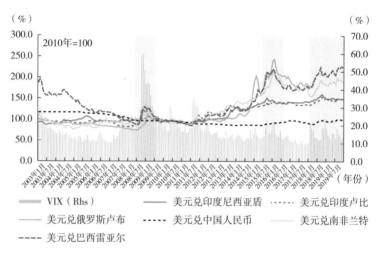

图 2-16　全球金融危机后新兴经济体汇率对风险偏好变化更加敏感
资料来源:芝加哥期权交易所,CEIC。

从典型事实来看,在整个量化宽松期间,代表金融市场风险厌恶的 VIX 指数(恐慌指数)波动下行,意味着风险偏好逐渐恢复。而在 2015 年美国退出量化宽松政策和 2018 年美联储开始缩表时,市场的风险厌恶情绪分别出现了两波明显的反弹。

前文所述的新兴经济体汇率、利率、跨境资本流动的剧变均与风险厌恶的加剧有显著的联系。相较全球金融危机之前,新兴经济体对国际市场风险偏好的敏感程度大幅上升。2008 年金融危机爆发期间,全球风险厌恶指标蹿升至历史最高,新兴经济体集体经历了资本外流、货币贬值、利率上

第二章 发达经济体货币政策的国内外影响前所未有的显著和复杂

升。2015 年美国退出量化宽松和 2018 年美联储加息期间，风险厌恶加剧的幅度虽然小于 2008 年，但新兴经济体资本外流、货币贬值①和利率上升的幅度都明显大于 2008 年。

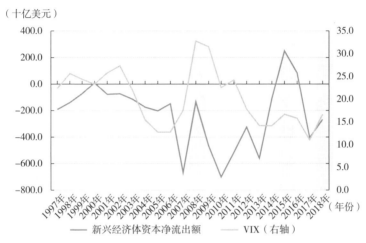

图 2-17　全球金融危机后新兴经济体跨境资本对风险偏好变化更加敏感
注：黑色曲线处于正区间代表新兴经济体资本净流出，负区间低代表净流入。
资料来源：芝加哥期权交易所，IMF。

四、货币政策溢出效应的未来演变

美联储从 2016 年开始连续加息，直到 2019 年 8 月转为降息。从历史经验看，美联储目标利率大约领先芝加哥期权

---

① 在 2012—2014 年，新兴经济体汇率缓慢贬值，其背后的原因是"美国经济企稳—QE 退出预期—美元升值—新兴经济体货币贬值"。这属于实体经济和汇率渠道传导的传统逻辑，因此在正文中不加以赘述。

交易指数（VIX）18个月，这意味着风险厌恶情绪在2021年底前都可能继续上升。因此，未来发达经济体的货币政策将同时通过利率和风险两种渠道在国际间传导。一方面，发达经济体为应对新冠肺炎疫情带来的影响继续维持低利率环境可能促使更多资本涌入新兴经济体；另一方面，风险厌恶加剧将提升跨境资本的敏感性，金融脆弱性较大的经济体可能面临更加剧烈的金融震荡，甚至可能复现类似2018年的情境：阿根廷比索从2020年4月底的20.6917比索兑1美元贬值到8月13日的30.0083比索兑1美元，贬值幅度达45%；土耳其里拉从2020年7月底的4.89里拉兑1美元贬值到8月14日的6.89里拉兑1美元，在短短半个月内贬值约41%。

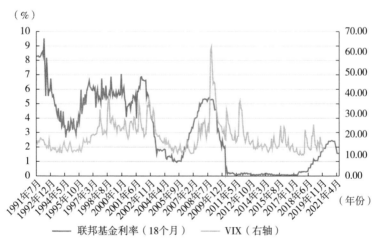

图2-18　金融市场风险厌恶可能在2021年前继续加剧

资料来源：芝加哥期权交易所，美联储。

第二章 发达经济体货币政策的国内外影响前所未有的显著和复杂

除了前文提到的利率、风险双重传导机制，发达经济体可能在一定程度上受到货币政策"溢回"的影响。根据IMF的统计，以购买力核算的发达经济体GDP占全球GDP的份额从2007年的50%下降至2018年的41%。从全球经济周期来看，美国、欧洲、日本经济周期的领先性逐步被中国等其他新兴经济体所取代，数据显示全球金融危机后美国实际增速的周期项大约落后中国三个季度。当然，在未来相当长的时间内，新兴经济体对发达经济体的"溢回"效应可能仅限于实体经济，对发达经济体货币政策的影响程度有限。

为了应对发达经济体货币政策溢出效应的显著化和复杂化，我们建议通过多边协商、在全球金融治理框架下建立起"4+1"系统重要性国家货币政策的国际协调机制（上海发展研究基金会，2016）。它的参与方应包括G4（美国、日本、欧元区、英国）、中国和IMF，它们在多边协商机制中享有同等地位和均等权利，但着力点不一样，G4央行应提高政策制定的缜密性和灵活性，尽量减少货币政策的负外溢效应；中国央行应加强宏观调控和对外沟通的能力；IMF应加强对G4货币政策的督导力度（上海发展研究基金会，2017）。当然，其他新兴经济体也应在完善金融监管和宏观审慎政策的同时，尽可能地提高其金融体系的韧性。

五、发达经济体货币政策的未来趋势

负利率是全球金融危机后发达经济体货币政策的新产物。在2020年全球爆发新冠肺炎疫情的背景下，人们不禁会问：负利率是否会实施于更大范围？是否会成为常态化的政策？与此同时，现代货币理论（MMT）正受到越来越多的关注和讨论。MMT强调，在信用货币时代，主权国家发行国债等同于发行货币，只要不引起通货膨胀，政府举债就不存在限制，也不可能产生违约。如果MMT被广泛接受，那么政府将扩大国债发行，实施更积极的财政政策，由此推升市场利率，而负利率的货币政策将可能退出历史舞台。

我们认为，负利率的货币政策与MMT所主张的积极财政政策是在发达经济体复苏疲软背景下诞生的一对"孪生子"。两种政策各有其合理的部分，也各存在其致命缺陷，具有互补性。

如前文所述，负利率是欧洲、日本阻止经济陷入衰退的必要举措。欧洲、日本都面临经济内生动能严重不足、结构性改革存在巨大阻力等长期问题，在此背景下为避免短期经济的硬着陆，政策当局只能依赖于货币政策这一"速效药"，负利率便是其最优的选择。需要指出的是，目前欧洲银行业、日本银行业的负利率主要是指银行体系内无风险流动资

第二章 发达经济体货币政策的国内外影响前所未有的显著和复杂

产（超额准备金、隔夜同业存款）负利率，银行对非金融部门的负债，例如，居民和企业存款，尽管利率极低，但仍保持正利率，因此目前的负利率政策还没有导致流动性陷阱，对经济的刺激作用仍然存在。

然而，负利率政策的副作用会随着时间的推移不断积累。首先，货币政策的空间越来越小。如果"负利率"覆盖的资产品种越来越多，经济就越来越接近流动性陷阱。一旦流动性陷阱出现，通过货币投放来刺激经济的做法将完全失效，逆周期调控的速效手段将只剩下财政支出。其次，由于银行部分流动资产陷入负利率，相应资金运用被挤入国债和风险资产。这解释了前文所描述的一些事实：欧洲 2 年期政府债券收益率、日本 5 年期政府债券收益率纷纷转负，发达经济体股市价格大幅上涨以及新兴经济体跨境资本流入规模增大。因此，负利率可能催生国内金融资产泡沫、推高新兴经济体的债务杠杆率，削弱本国银行体系的稳健性。最后，单纯的负利率政策不足以刺激本国经济结构优化调整。一国经济结构优化的目的是使经济内生动能得到提升，反映在金融市场则是资产收益率的上升。负利率政策可以促进投资，但并没有鼓励资金投入高收益率的项目，因此对优化经济结构、提升增长动能的作用是有限的。相反，长期保持充裕、廉价的资金供给可能会削弱企业创新的动力，以及削弱金融体系配置资源的效率,从而使社会陷入低欲望、低效率的状态。

MMT主张的积极财政政策或许是负利率产生的副作用的解药。首先,发达经济体实施积极的财政政策将有助于推升本国通胀和市场利率水平,因此将缓解这些国家货币政策进一步放松的迫切性。其次,发达经济体扩大国债发行、适当提升政府杠杆率有助于吸纳过剩的全球流动性,缓解本国非政府部门杠杆率的上升,抑制资产泡沫,减缓新兴经济体的资金流入,从而降低全球金融市场的潜在风险。再次,发达经济体加大政府购买的力度,将更有效地促进经济结构转型,例如,有针对性地支持基础设施建设和技术创新,提高劳动生产率,尽可能地抵消人口老龄化对经济产生的不利影响;积极的财政政策还可能直接减缓社会的贫富两极分化。最后,如前文所述,目前欧元区、日本的国债供不应求,收益率处于极低水平,因此负利率为积极的财政政策创造了极佳的货币条件。

MMT也存在其致命的缺陷。一是发达经济体实行更积极的财政政策面临政治阻力。欧元区缺乏统一财政,扩大各国国债发行面临很大的协商困难。美国共和党和民主党在财政赤字的用途上也存有很大的分歧。二是倚赖功能财政调节国民经济意味着中央银行的独立性受到严重挑战。中央银行是具有政治独立性、以数据为决策基础、以市场化为导向的技术派机构，其作用被功能财政替代有可能带来经济扭曲、道德风险和行政的低效率。三是政府债务的高企可能会引起人们对未来税收增加、收入减少的预期，这种预期可能会减少当前私人部门的支出，从而抵消政府支出的效果，即所谓的李嘉图等价原理。四是即便在信用货币时代，政府债务的扩张恐怕依然存在约束。而如果政府举债不能带来更多的税收，国债的发行就会面临困难，如果直接通过发钞来为政府融资，则容易引发实体经济的恶性通胀或金融市场的恐慌，后者可能通过资本外流、货币贬值、利率飙升、资产价格暴跌等方式进一步伤害实体经济。

综上所述，目前部分发达经济体所采取的负利率政策难以长期维持，同时MMT对功能财政的鼓吹过于极端化，不可能完全被决策者接受。

2020年受新冠肺炎疫情冲击，全球经济面临严重的衰退风险，G20领导人于2020年3月26日举行特别峰会，承诺采取支持经济的有力措施。观察目前和过去发达经济体应对金融危机所采取的措施，我们得出以下三个判断。

第一，发达经济体货币政策和财政政策不是完全独立的，财政部配合央行的行动早有先例。以美国为例，美国财政部既在美联储设立存款账户（TGA账户），又在商业银行设立存款账户（TT&L 账户），TT&L 账户主要用于接收税款。在 2008 年全球金融危机期间，美联储向金融市场注入流动性后，金融机构在清偿债务之后仍然冗余资金，对联邦基金目标利率构成向下压力。为了控制联邦基金利率，美国财政部将商业银行 TT&L 账户里的过剩准备金转移到美联储 TGA 账户；同时，美国财政部应美联储的要求实行了补充融资计划，通过发行国债收回金融市场上的过剩流动性。

第二，货币政策配合财政政策或自带财政政策的效果也早有先例，在应对本轮新冠肺炎疫情冲击时，美联储行动的上述特点更加明显。如前文所述，美联储在全球金融危机期间推出的 TSLF、CPFF 和 TALF 在本质上是借道金融机构为债券发行人、企业和家庭提供融资，这显然区别于中央银行管理金融市场流动性的传统职能。新冠肺炎疫情暴发后，美联储再次启用了 TALF，通过新创设 PMCCF、SMCCF 更大力度地支持债券发行人融资。在 2020 年 3 月底美国政府推出 2 万亿美元经济刺激计划之后，美联储紧接着在 4 月初推出了 2.3 万亿美元的广泛救助计划，其中包含了 5 000 亿美元的各州和市政当局贷款计划、6 000 亿美元的中小企业贷款计划、薪资保护计划等，其目的就是为美国政府的经济刺激计划提供资金保障。

第三，美联储于 3 月 31 日宣布开展针对各国央行和国际货币机构的美国国债回购业务，这可能进一步削弱美国财政赤字的国际约束。在美元主导的信用货币体系下，美元几乎可以兑换任何商品，且无可替代，因此对美元的需求接近于无限大。如果人们用持有的美国国债可以向美联储直接兑换美元，那么对美国国债的需求将进一步扩大，投资者对美国财政赤字的担忧会进一步减弱。

基于上述三点，目前国际社会支持MMT的声音有所加强是可以理解的。例如美联储前副主席斯坦利·费舍尔（Stanley Fischer）、瑞士央行前行长菲利普·希尔德布兰德（Philipp Hildebrand）就于2019年10月发表论文提出"常设紧急财政机制"（Standing Emergency Fiscal Facility, SEFF），他们主张央行在货币政策失去空间或者完全无效时启动SEFF，并且事先确定使中期趋势价格达到目标所需的SEFF规模和持续时间。

美国确实有可能将会或正在探索性地实践MMT，但欧元区这么做的可能性比较低，因为欧元区财政扩张面临更大的政治阻力，并且欧元在国际货币体系的地位也不如美元。无论如何，我们认为MMT的实践不会使发达经济体货币政策走到发钞为政府融资的极端模式，而是会使发达经济体竭力避免负利率和金融资产泡沫，更有效地促进经济增长，当然也会付出央行独立性削弱、政府债务杠杆率上升等代价。

第三章

对金融监管的重视达到前所未有的高度

一、全球金融危机前的监管理念和体系

近十年来,国际社会对 2008 年全球金融危机从不同角度进行了大量的思考和研究。观察金融危机背后的金融监管缺陷,至少有两个方面的问题需要重点关注。

一是金融监管理念的问题。20 世纪 80 年代以来,主张新自由主义的华盛顿共识成为各国的主流思潮,认为"最少的监管就是最好的监管"。随着金融工程的迅猛发展,各种金融衍生工具被设计得越来越复杂,金融创新使得传统的金融行业界限变得模糊,"跨界"成为金融机构业务创新的重要突破口,混业经营逐渐成为市场发展的大趋势。在这种混业经营趋势下,过去的分业监管理念越来越不适应市场需求的变化,为金融危机的出现埋下了伏笔。

二是金融监管体系的问题。全球金融危机之前,世界各国的金融监管呈现部门化、碎片化的特征,无法对金融业

务形成有效的管控，对潜在的金融风险无法准确识别，也无法有效地监管。面对日益复杂的金融创新对传统金融行业界限的逾越，监管层没有合适的监管标准和监管工具与之相适应。在"单一工具、单一目标"框架下，中央银行与金融监管职能分离，忽视了资产泡沫和系统性风险。因为传统的经济学观点认为只要物价稳定就能够自动实现经济和金融稳定，所以中央银行只需要关注通货膨胀目标并采用利率工具进行宏观调控。在这个金融监管体系中，中央银行不需要关注资产泡沫的问题，只需要在泡沫破灭之后进行清理即可。金融监管职能与中央银行的职能是分离的，宏观审慎监管和金融机构的行为监管不能得到有效的协调配合。金融监管体系中的这些问题，都为金融风险因素的累积提供了温床，最终导致了全球金融危机的爆发。

二、危机后的全球金融监管

（一）各国金融监管的改革趋势

2008全球金融危机爆发以来，世界各国开始反思并改革原有的金融监管体系，美国、英国、日本、中国分别提出了一系列改革方案，全球监管思路正朝着综合监管方向转变，主要趋势包括：一是由传统的多头监管向双峰监管甚至一元超级综合监管发展，同时强化中央银行的监管职责；二是宏观审慎、微观审慎和行为监管取代机构监管成为主要的监管体系划分标准，机构监管逐渐走向功能监管；三是金融稳定与金融消费者保护成为两个主要监管目标；四是无论是分业监管还是混业监管，都陆续建立起强大的监管协调及系统性风险的识别与监管机制，大幅降低协调成本，提高监管效率。

表3-1　全球金融危机前后几个主要国家的金融监管变化对比

国别	监管模式	全球金融危机前的监管情况	全球金融危机后的主要变化
美国	双层多头监管框架	双层指联邦和州的双层金融监管，多头即证券、银行、保险分别由不同的监管机构监管（证券交易委员会监管证券，美联储、货币监理署和联邦存款保险公司监管银行，财政部下设的联邦保险办公室监管保险，全美保险监督协会辅助监督州的保险机构）	2010年7月颁布了《多德-弗兰克法案》以加强系统性金融风险防范，重塑金融监管架构。此法案更加突出中央银行对系统性风险管理的主体地位，并加强了金融消费者保护
英国	英格兰银行主导的"双峰监管模式"	由金融服务局（Financial Service Authority，FSA）作为单一监管机构同英格兰银行、财政部构成的三方委员会共同负责	在英格兰银行下设三个专职机构，即金融政策委员会、由原来金融服务局拆分的审慎监管局和金融行为监管局（FCA）

续表

国别	监管模式	全球金融危机前的监管情况	全球金融危机后的主要变化
日本	金融厅加中央银行模式	金融厅负责对银行、证券、保险等各金融市场的统一监管；日本银行主管货币政策；财务省对政策性金融机构进行监管	强化了监管机构和央行在宏观审慎监管中的配合。金融厅作为政府部门，是最高的金融监管行政机关，其作用侧重于实施行政处罚等措施，日本银行的作用侧重于系统性风险识别、监测和提出建议
中国	从"一行三会"转变为"一委一行二会"的统一监管模式	"一行三会"的金融监管体系，即由中国人民银行履行中央银行的职能，主要负责货币政策的制定和执行监督，证监会、银监会和保监会分别对证券、银行和保险行业进行职能监管	设立"金融稳定与发展委员会"，将银监会和保监会合并为银保监会，从而形成当前的"一委一行两会"的统一监管框架。金融稳定与发展委员会和人民银行履行宏观审慎管理职能，促进金融系统稳定，而银保监会、证监会则履行金融市场行为监管职能，促进金融市场行为规范化

注：双峰监管模式是1995年英国经济学家迈克尔·泰勒最早提出的，主要思想是一手抓金融系统稳定，一手抓市场行为规范，为此应该成立两类监管机构，一是金融稳定委员会，负责防范风险、维护金融稳定；二是金融产品消费者保护委员会，负责防止投机行为、保护消费者权益。目前英国、澳大利亚等国都采用了这种金融监管模式。

资料来源：根据互联网公开资料整理。

（二）全球金融监管协调

全球金融危机之后，不仅世界各国分别加快了金融监管的改革步伐，各国之间的金融监管协调也得到了加强。在2009年G20伦敦峰会领导人共同签署的联合声明中，各国共同呼吁对对冲基金、金融高层主管的薪酬、信用评级公司以及银行的风险管理实行更严格的监管，并加强国际间的协调一致。为此，峰会决定在G20内部设立一个新的国际机构"金融稳定委员会"（Financial Stability Board），旨在与IMF密切合作，对于未来可能出现的金融风险提出早期预警。此次会议提出，全球应该建立一个更为稳健、协调一致的监管框架以适应未来的金融业发展和支持全球经济增长。

在银行监管方面，全球金融危机直接催生了《巴塞尔协议Ⅲ》。巴塞尔委员会认为，之所以会出现这次全球金融危机，是因为银行普遍提高财务杠杆操作比率，并且持有流动性较低的资产，当银行体系因交易损失或是信用风险的提高而面临资金水位不断下降，以及造成信用紧缩时，其本身难以承受，从而导致了许多中小型银行纷纷倒闭。与此同时，去杠杆化过程中的交易使得资产价格大幅下滑，危机进一步恶化。2008年全球金融危机表明，即便在银行资本充足和资本质量得到保证的前提下，流动性出现问题也容易造成不可收拾的局面。为此，巴塞尔委员会引入了两个流动性监管新指标，即流动性覆盖率（LCR）和净稳定融资比率（NSFR）。该协议在2010年11月的韩国首尔举行的G20

峰会上获得正式批准实施。该协议要求银行的资本适足率在 2013 年起从 4% 提高到 4.5%，到 2019 年进一步提高到 6%。加上 2.5% 的银行资本缓冲，逐步达到 8.5% 的要求。从市场影响来看，《巴塞尔协议Ⅲ》对欧洲银行业的冲击比美国更大，特别是对一些经济困难国家和中小银行。相对于中小银行，大型银行担心更高的资本金要求会限制银行放贷能力。

必须承认的是，当前全球监管协调的效力仍然很低。我们建议未来逐渐由 FSB、IMF 协调各国监管者共同进行全球金融活动的宏观审慎监管，G20 应在沟通和协调全球金融监管中发挥更重要的作用，比如效仿欧洲银行管理局，推动成立全球银行管理局，以各国银监会作为会员单位，负责帮助全球跨国银行的母国和东道国之间沟通信息和解决纠纷（上海发展研究基金会，2016）。

三、美国金融监管放松的可能影响

2017 年，随着特朗普当选美国总统后的一系列政策的推出，全球金融危机后建立起来的金融监管力度有所放松。全球金融危机后，美国通过了《多德 - 弗兰克法案》，主张收紧过于宽松的金融监管措施，包括对银行实施更为严格的资本充足率、每年对具有系统重要性的大银行实行压力测试、成立消费者金融保护局等多项措施,以限制银行从事高风险的投机性交易活动。然而,特朗普的政策理念与此不同,他在竞选时就曾提出要减少对金融业的监管,认为严厉的金融监管束缚了资金的自由流动,使企业获得贷款的难度大大提高;放松金融监管将激发经济增长、创造就业。

在美国放松金融监管之后,给市场带来以下三点影响。第一,对金融业的发展构成利好。如果特朗普政府成功放宽对银行业的监管,美国六家最大的银行未来可能通过派息和股票回购,向投资者返还超过1 000亿美元的资金。因此,特朗普成功当选以后,银行股普遍上涨。第二,刺激新一轮创业潮和投资潮。此前,受严格监管约束,银行在放贷方面受到较大限制,不利于小企业的创立。在金融监管放松的政策下,一批中小企业可能更容易得到资金支持,投资信心也得以恢复。第三,使美国金融机构重新回归全球金融业务。受到《多德-弗兰克法案》严格监管的影响,一向在世界金融领域领先的美国银行业眼睁睁地看着自己被欧洲同行超越。现在,特朗普政府要做的就是让银行回归信贷业务,不仅要让美国银行业重新回归全球金融体系,还要继续成为全球金融业的领导者。

由于金融监管本来的目标就是控制金融风险,如果放松监管有可能将使美国整个金融系统面临风险,甚至导致金融危机的重演。另外，由于美国金融业在全球金融体系中的主导地位，美国放松金融监管有可能对目前稳定的金融系统构成威胁，甚至引发全球连锁反应。

四、金融危机后的全球金融安全网

（一）全球金融安全网的总体层次结构

2008年全球金融危机爆发以后，国际社会意识到应该建立一个高效的全球金融安全网，为各国提供紧急资金救助，从而防止金融危机在全球爆发和扩散。在2010年G20首尔峰会上，全球金融安全网建设的思想被提出并得到高度重视；在2016年G20杭州峰会上，G20领导人表示将支持进一步加强以IMF为核心的全球金融安全网，并加强不同金融安全网之间的有效合作。

目前，全球金融安全网已逐渐形成四个层次的网络结构。第一层次是各国基于自我保险而进行的国际储备资产积累，第二层次是各国央行之间形成的双边货币互换，第三层次是区域经济体之间形成的地区储备安排和多边货币互换网络，第四层次是以IMF为核心的全球危机干预和预防资源。在四层次网络结构中，第一层次（自我保险）和第四层次

（IMF 的救助）是全球金融危机前就已广泛存在的传统的危机干预和预防资源。特别是金融危机之后，IMF 加强了对全球金融稳定的监测力度，实施了包括第四磋商条款①（Article IV Consultation）在内的诸多措施，以强化其全球宏观审慎监管；第二层次（双边货币互换）和第三层次（地区储备安排和多边货币互换网络）则是金融危机之后进一步发展起来的网络结构，不过目前仍存在诸多问题。

（二）双边货币互换：发达经济体自成网络，中国作为第二大经济体却不在其中

2008 年以来，全球各央行之间签署了 70 多项互换协议，涉及 50 多个国家和地区。2008 年全球金融危机期间，西方各国陷入美元流动性短缺之中，许多国家对美元的流动性需求逐步加大，因此加大了双边货币互换力度，相互提供流动性支援以渡过危机。2011 年 11 月 30 日，美联储曾与欧洲央行、加拿大央行、英国央行、瑞士央行和日本央行搭建"临时美元流动互换机制"，以此来为市场注入美元流动性，维

---

① 根据 IMF 章程第四条款规定，IMF 每年都会派出工作小组到成员经济体调研，就宏观经济政策、经济发展形势与成员经济体进行磋商，并在 IMF 决策机构执董会进行讨论。

护了美元资产的信心。2013年10月31日，美联储、欧洲央行、英国央行、日本央行、加拿大央行和瑞士央行（C6）再次启动美元互换机制。与以往不同的是，这次全球六家主要央行把现有的临时双边流动性互换协议，转换成长期货币互换协议，在得到进一步通知之前，上述互换协议将持续有效。长期协议将充当稳定流动性的角色。双边货币互换具有操作灵活、启动快速的特点，得到了广泛的关注。全球金融危机之后，中国人民银行也与其他货币当局签署了41项人民币货币互换，截至2020年1月，总金额超过3万亿元人民币。然而，在当前的双边货币互换结构中，发达经济体之间自成网络，而中国作为世界第二大经济体、系统重要性国家之一，却没有进入C6的网络中，仍然是以三万亿美元外汇储备作为发生危机时的缓冲工具。这对于全球金融稳定来说是一个比较大的隐患。

（三）岛状结构的区域金融安排：有一定作用但规模有限

（1）欧洲稳定机制（ESM）

2012年欧盟建立了欧洲稳定机制（European Stability Mechanism, ESM）以帮助欧元区各国渡过债务危机，维护欧元区的金融稳定。ESM的救助方式主要包括：一是通过稳定支持贷款，帮助有紧急资金需求但是在很大程度上已经失去市场融资能力的 ESM 成员国；二是通过一级市场支持工具，维持或恢复成员国顺利发行债券的能力；三是通过二级市场支持工具，支持 ESM 成员国政府债券市场在特殊环境下良好运转；四是通过预防性金融救助，帮助成员国保持持续性的市场融资能力；五是通过金融机构重组支持工具，防范由金融部门作为危机源引发严重危机的可能。

2018 年 6 月，德国总理默克尔在接受媒体采访时表示，她支持将"欧洲稳定机制"升级为"欧洲货币基金"，建立欧元区自身的财政能力，让欧元区遇到风险时不必再求助于欧洲央行等外部力量，同时减少对 IMF 的依赖性。

（2）拉丁美洲储备基金（FLAR）

拉丁美洲区域一体化始于 20 世纪 50 年代，为了开拓拉丁美洲区域货物和服务共同市场，拉丁美洲地区建立了清算机制，同时建立了两家开发银行和拉丁美洲储备基金（FLAR）。FLAR 通过向其成员国提供流动性，正常时期可以作为 IMF 的补充，危机时期能够替代 IMF。然而，FLAR 不具备监督功能，也没有对其成员国经济政策进行评估的机制。

（3）亚洲区域金融安排

1997年亚洲金融危机之后，许多东亚国家认识到，加强区域金融合作是保持金融市场稳定、防止金融危机再次发生的重要手段。2000年5月，东盟10国与中日韩三国（即"10+3"）财长在泰国清迈举行会晤，共同签署了建立区域性货币互换网络的协议，即清迈倡议。2008年全球金融危机之后，该协议得到进一步加强，于2009年12月正式签署清迈倡议多边化的协议，规定成员国如果陷入金融危机，可以迅速从这个外汇储备库中获得融资。2010年3月，清迈倡议多边化协议正式生效，初始资金规模为1 200亿美元，2012年各国决定进一步将额度提高至2 400亿美元。同时区域性监管机构东盟与中日韩宏观经济研究办公室（AMRO）正式开始运作；在此基础上区域一体化进行了更广泛的补充，包括亚洲债券发展倡议和亚洲债券基金项目，并在此框架下筹建CGIF（信用担保与投资基金）以帮助东亚区域发行公司债券。

（4）金砖国家应急储备安排

为了防范金融风险，金砖五国于2014年7月签署条约，建立金砖国家应急储备安排（CRA），以维护自身乃至世界金融体系的稳定。这是2008年全球金融危机之后形成的一个新的跨区域的应急储备安排，目前条约规定 CRA 不设国际机构组织，认缴份额采用"承诺制"，即应急储备安排不将资金集中管理，而是将资金分散于各国央行自行管理；当金融危机出现、有成员国需要金融救助时，各国央行兑现各自的承诺，集中筹资以履行救助义务。这种"承诺制"的机制，优点在于发起时不涉及资金的转移，因此容易达成协议，节约日常运营成本，同时清晰地向市场传递金砖国家相互支持稳定金融市场的积极信号。然而，从长远来看，"承诺制"规定的资金筹集义务是否真的能够被履行，具有一定的时滞性和不确定性。目前，有学者认为金砖国家应急储备安排应该改为"嵌入制"，即将承诺资金变为实缴资金，将 CRA 的金融稳定功能嵌入金砖国家新开发银行（NDB）中。

五、金融监管改革的影响和挑战

（一）金融监管在加强防范金融风险的同时，对金融业的发展也形成了制约

金融监管体系存在的种种缺陷，已经无法适应日益加强的混业经营发展需要，这是金融危机爆发的根源所在。2008年全球金融危机之后，全球金融监管都在逐渐向综合监管和

功能监管转变，都更加强调宏观审慎监管和微观审慎监管的协调配合，以避免监管空白和监管套利机会的出现。虽然金融监管的加强对防范金融风险的爆发和蔓延起到了一定的作用，但同时也对金融业的发展形成了制约。美国的《多德－弗兰克法案》就使银行的借贷能力受到限制，降低了美国金融机构相对于海外同行的竞争力，进而制约了经济增速。

从目前的发展趋势看，2008年全球金融危机之后形成的各种金融监管措施有可能得到调整和放松以适应金融业的进一步发展。尤其是一些中小银行，并不是金融危机爆发的主要原因，所以没有必要对中小银行施加过于严厉的监管。从危机防范的角度看，金融监管更重要的任务应该在于监测和评价系统重要性金融机构的状况，抓大放小，在维护金融系统稳定的同时保证金融业发展的活力。

（二）全球金融安全网在逐步完善，但仍存在诸多挑战

作为一个松散的国际金融合作网络，全球金融安全网的核心功能是避免金融危机的发生，或者在危机发生时缓解危机所造成的冲击。目前，这一合作网络由全球多边机制、区域金融安排以及国家之间的双边互换协议等构成。IMF在全球金融安全网中处于核心地位，是全球多边机制的主要协调

者。目前IMF拥有4 768亿美元特别提款权的救助额度,以及成员国之间签署的一定数额的新借款安排。为了提高救助效率和贷款适用性,IMF增设了新贷款工具,对低收入国家设立优惠性贷款,修订贷款条件性指南,同时改善了治理结构,增加了新兴经济体的份额权重。在2008年全球金融危机之后,IMF进一步加强了其宏观审慎监管职能,通过第四条款磋商对系统重要性国家的经济和金融状况进行监测和分析。然而,以IMF为核心的全球金融协调机制实际上起到的作用非常有限,一方面是因为IMF所拥有的资源相对有限,在应对中小经济体的贷款需求时尚可应付,但对于大型经济体在金融危机期间的救助需求则显得力不从心;另一方面是IMF的救助机制依赖于其严格的贷款性条件,使得发生金融危机的国家不能及时得到救援,金融危机可能在此期间向更多的国家蔓延。

与此同时,作为全球金融安全网的重要组成部分,区域金融安排也在不断壮大,目前亚洲、欧洲和拉丁美洲三个区域金融安排已经建立了年度会晤机制。然而,区域金融安排仍存在诸多局限性。例如,对于清迈倡议多边协议的推进,各经济体之间的经济差异是客观障碍,同时还存在中日关系这个重要影响因素。未来需要将东亚储备库升级为亚洲货币基金,在管理方式上从分散走向统一,2 400亿美元的储备资金的规模也需要扩大。现阶段由于监测机制缺乏，主要参照 IMF 的贷款性条件，所以在危机救助中的实用性被大打折扣。如果未来依然延续目前的贷款条件，资金的大部分比例与 IMF 的贷款条件挂钩，那么其危机救助作用就会被大大限制，而东亚各国的参与积极性也会减弱。因此，对于亚洲区域金融安排来说，当前应该尽快建立和完善区域经济的监测和评估机制，并在此基础上建立自身的贷款救助条款体系，摆脱对 IMF 机制的依赖。

C6 长期货币互换协议实际上是持续有效的货币互换保证，是六个发达经济体的金融"稳定器"。然而，作为世界第二大经济体、全球系统重要性国家之一的中国，却未能加入这个双边互换机制，为全球金融稳定埋下了隐患。

2018 年以来，随着美国经济强劲增长，美联储进一步收紧货币，使美元不断走强，给部分新兴经济体货币带来贬值压力。阿根廷比索是受此轮冲击影响最大的货币，在 2018 年贬值已超过 40%。在货币贬值、财政赤字、通货膨胀三重压力之下，阿根廷政府不得不向 IMF 寻求援助。目前，IMF 已经通过了对阿根廷的 500 亿美元的救助项目，成为 IMF 历史上最大规模的一次贷款援助。另外，土耳其里拉也深受美元影响。伴随着土耳其与美国的摩擦升级，土耳其里拉在过去一年里贬值 45%，土耳其将更难偿还以其他货币计价的巨额债务。世界银行和IMF的数据显示，土耳其外债在GDP中所占比例超过50%，在新兴经济体中是最高之一，其外汇储备的偿还外债能力也是最弱的。在美元走强和美国加征关税的状况下，这些新兴经济体不得不努力应对。尽管当前全球经济呈现普遍复苏的态势，但是新的风险也正在形成，一些国家国内债务累积，金融脆弱性提升、贸易保护主义抬头、地缘政治风险加大，这些都可能加大跨境资本流动的波动，造成金融动荡。

（三）数字货币对全球金融安全的影响尚不明确

自2009年创建比特币以来，全球涌现出了以比特币为代表的多种数字货币，炒币风潮一波胜一波。尽管尚有诸多争议，但数字货币已经引起社会各界的广泛关注。目前市场比较关注的有比特币（加密数字货币的代表）、Libra（Facebook提出的稳定币计划）、DCEP（中国央行拟推出的主权数字货币）。

2018年，国际机构金融稳定委员会发布了一个监测加密货币资产的新框架，其中主要风险指标包括市值（规模和增长率）、价格水平和主要加密货币的波动性。首次代币发行（ICO）以及来自法定货币的资本流入和流出将被视为财富效应指标，此外也关注传统金融市场的交易量、利润率和利息。虽然国际机构金融稳定委员会认为数字货币目前不会对全球金融稳定构成重大风险，但有必要对数字货币发展状况和趋势进行密切监测，并对其可能带来的影响做出预判。

目前，中国央行已经开始测试主权数字货币 DCEP。DCEP 与人民币可以 1:1 兑换，替代 M0；DCEP 采用商业银行和中央银行的双层制度，同时可以基于特殊设计，不依赖于网络进行点对点的交易。DCEP 有可能成为维护货币体系稳定和防范金融风险的重要工具，但其实际效果尚待进一步研究和监测。

第四章

全球债务杠杆率上升到前所未有的高度

一、变化特征

2008年金融危机之后,全球债务杠杆率(债务/GDP)创出新高,而发达经济体与新兴经济体的债务状况从总量和结构两个方面都出现了分化。

(一)总杠杆率方面,发达经济体稳定,新兴经济体快速上升

截至2019年9月,全球非金融部门债务杠杆率达到239%,超过了2008年第一季度的216%。其中,发达经济体债务杠杆率上升幅度不大,主要表现为政府杠杆率(政府债务/GDP)上升,家庭杠杆率(家庭/GDP)和企业杠杆率(企业/GDP)下降。新兴经济体债务杠杆率快速提高,从2008年第一季度的120%上升到2019年第三季度的188%,

其中企业杠杆率的上升最为显著,家庭杠杆率的上升幅度次之,政府杠杆率的上升幅度较小。

表4-1 全球非金融部门债务/GDP及其结构   单位:%

全球				
日期	整体	政府	家庭	企业
2008年第一季度	215.6	64.9	67	83.7
2019年第三季度	239	86.1	60.1	92.8
发达经济体				
日期	整体	政府	家庭	企业
2008年第一季度	251.2	75.3	83.3	92.5
2019年第三季度	271.6	109.1	72	90.4
新兴经济体				
日期	整体	政府	家庭	企业
2008年第一季度	119.6	36.4	23	60.1
2019年第三季度	187.9	49.9	41.3	96.5
中国				
日期	整体	政府	家庭	企业
2008年第一季度	146	28.6	18.8	98.7
2019年第三季度	257.3	52.5	54.4	150.4

资料来源:国际清算银行。

从趋势来看,在2008年之前新兴经济体的债务杠杆率上升速度低于发达经济体(见图4-1),2008年之后两者增速逆转,新兴经济体成为推动全球债务杠杆率上升的主要动力。

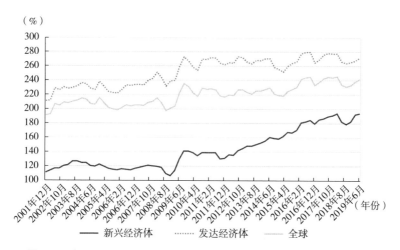

图 4-1 新兴经济体、发达经济体及全球的非金融部门债务 / GDP 走势
资料来源：国际清算银行。

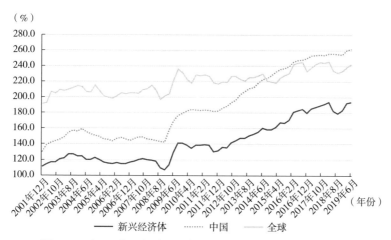

图 4-2 中国、新兴经济体及全球的非金融部门债务 /GDP 走势
资料来源：国际清算银行。

中国是推升新兴经济体债务杠杆率的主要力量。2008 年之前中国债务在新兴经济体总债务中占比约为 30%，而到

2019年6月,中国非金融部门信贷总额355 580亿美元,新兴经济体非金融部门信贷总额(核心债务)578 440亿美元,中国非金融部门信贷总额(核心债务)占比已经占到新兴经济体的61%。从2008年之后新兴经济体增加的债务中中国增加部分占比高达72%。

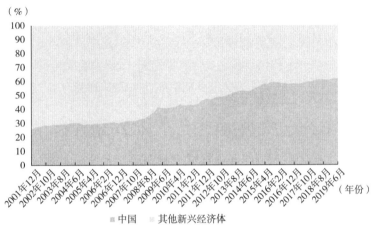

图4-3 中国和其他新兴经济体的非金融债务占全部新兴经济体非金融债务的比例

资料来源:国际清算银行。

(二)发达经济体与新兴经济体债务杠杆率推动因素各不相同

如前所述,发达经济体的债务杠杆率上升的主要原因是政府债务的提升,而新兴经济体债务杠杆率上升的主要原因

第四章 全球债务杠杆率上升到前所未有的高度

是非政府债务的上升。

2009年之前,发达经济体政府债务杠杆率大致维持稳定,2009年之后出现了较为明确的上行,而新兴经济体政府债务杠杆率远低于发达经济体,在2009年之后也仅是小幅攀升。相反,发达经济体在2008年全球金融危机之前非政府债务杠杆率持续攀升,在全球金融危机之后则开始下滑,迄今没有超过2008年的高点;新兴经济体非政府债务杠杆率在全球金融危机之后则大幅上升。截至2019年6月,新兴经济体与发达经济体的非政府债务杠杆率之差,从全球金融危机前的54个百分点,缩小到20个百分点(见图4-4)。其中,中国无疑是驱动新兴经济体非政府债务占比快速上升

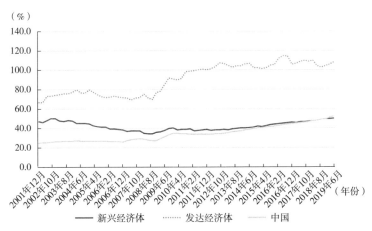

图4-4 中国、新兴经济体和发达经济体政府债务/GDP

资料来源:国际清算银行。

的主要驱动力。不过从2016年开始中国实施了一系列去杠杆、防风险的政策，非政府债务杠杆率趋于稳定。

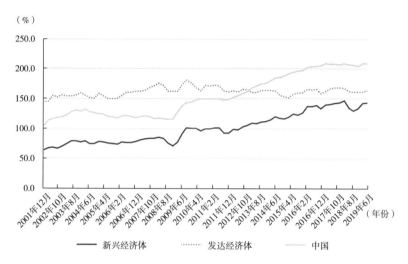

图4-5 中国、新兴经济体和发达经济体非政府债务/GDP
资料来源：国际清算银行。

二、驱动因素

（一）发达经济体政府杠杆率上升的驱动因素

按照部门流量恒等式，政府赤字遵循下式：

$$D_f = S + \pi - I - (T_f + I_f)$$

上式中 D_f 为政府赤字，S 为储蓄，π 为企业利润，I 为投资（资本形成），T_f 为贸易顺差，I_f 资本项下顺差。$S + \pi - I$

代表该国的净储蓄,为该国居民与企业提供的净融资,$T_f + I_f$ 为海外提供的净资金。因此,政府赤字 = 净储蓄 – 海外净资金输入 = 净储蓄 + 向海外净资金输出。

净储蓄与该国投资回报率以及非政府债务杠杆率情况有关,投资回报率越高、非政府债务率越低,净储蓄越高;海外提供的净资金与该国的产能利用率及投资回报率有关,产能利用率越低、投资回报率越高,海外提供的净资金越高。

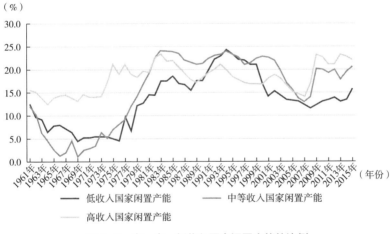

图 4-6 高、中、低收入国家闲置产能的比例

资料来源:世界银行,模型估算。

近年来,一方面,以美国为代表的发达经济体投资回报率回升,非政府债务杠杆率降低,导致发达经济体净储蓄回升,起到推动发达经济体政府债务杠杆率上升的作用;另一方面,发达经济体的产能利用率低于新兴经济体,对海外净资金输出减少,起到降低发达经济体政府债务杠杆率的作用。两个效应抵消之后,发达经济体政府赤字率有所提升。

新兴经济体净储蓄增加速度不快,对海外净资金输出未快速增加,导致新兴经济体政府赤字率有所降低。

(二)新兴经济体非政府债务杠杆率上升的驱动因素

政府债务杠杆率与非政府债务杠杆率有不同的经济学影响。下面我们也称非政府债务杠杆率为宏观债务杠杆率。首先,对其进行如下拆分:

$$debtleverage(L) = \frac{Debt(D)}{GDP(Y)} = \frac{D/Capital(K)}{Y/K} = \frac{D/K}{Y/K} = \frac{Microleverage}{CapitalOutputRatio}$$

宏观债务杠杆率恒等于微观债务杠杆率与资本产出率之比。

微观债务杠杆率有两个主要的决定因素,一是僵尸企业的破产出清比率,二是投资回报率:

$$MicroLeverage(mL) = (1-w)\frac{D_N}{K_N} + w\frac{D_Z}{K_Z}$$

上式中,w 代表僵尸企业占比,N 代表正常企业,Z 代表僵尸企业。

对正常企业而言，随着投资资本回报率（Return on Invested Capital，ROIC）与风险调整后的投资成本（Risk Adjusted Cost of Capital，RCoC）之差净投资资本回报率（在净投资资本回报率）的扩张，其愿意和能够负担的债务杠杆率提升，因此有：

$$mL_N = \frac{D_N}{K_N} = f(\text{NetROIC}) = f(r)$$

$$\frac{\partial f}{\partial r} > 0$$

$$\frac{\partial^2 f}{\partial r^2} < 0$$

上式中，r为在净投资资本回报率。

僵尸企业的破产出清率在每一个经济体中不同，它决定了僵尸企业占比；进一步，为简单计算，假设僵尸企业的微观债务杠杆率 mL_Z 随时间单调升高，有

$$mL = [1 - w(\text{clearingRatio})] mL_N + w(\text{clearingRatio}) mL_Z$$
$$= [1 - w(Cl)] mL_N + w(Cl) mL_Z$$

$$\frac{\partial w(Cl)}{\partial Cl} < 0$$

$$\frac{\partial_2 w(Cl)}{\partial Cl_2} < 0$$

$$mL_Z \gg mL_N$$

图示如下:

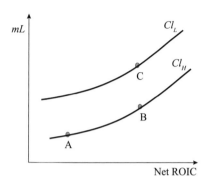

图 4-7　微观杠杆率与净投资资本回报率的组合
资料来源:上海发展研究基金会。

在净投资资本回报率(Net ROIC)一致的情况下,破产出清率越低,微观杠杆率(mL)越高。在净投资资本回报率的影响是双向的,一方面,随着 ROIC 上升,正常企业的微观杠杆率上扬,这将带动整体微观债务杠杆率上升;另一方面,ROIC 的上升将令僵尸企业数量减少,占比降低,从而有利于微观杠杆率降低。一般情况下,ROIC 上升有助于推动整体微观债务杠杆率走低。

在一定的假设下,容易知道,资本产出率与产能利用率成正比,我们有:

$$L = \frac{MicroLeverage}{CapitalOutputRatio} = \frac{mL}{aU}$$

在微观债务杠杆率给定之时,产能利用率越高,宏观债务杠杆率越低。

在上述框架内，宏观债务杠杆的变化可以分为如下四种情形进行讨论。

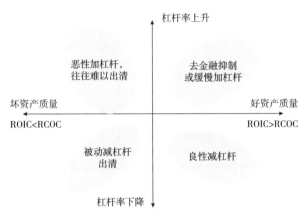

图 4-8　不同的宏观债务杠杆变化情形

资料来源：上海发展研究基金会。

在净投资资本回报率为正的情况下，宏观债务杠杆率提升。一种常见情形是该经济体处于金融抑制状况，整体债务杠杆率处于相当低的水平，在净投资资本回报率的推动之下，企业得到更多融资支持，宏观债务杠杆率提升。这种情况常常伴随着产能利用率从恶劣状况之下得到改善，也有助于宏观债务杠杆率的提升。在另外一种情形下，该经济体的债务杠杆率已经不低，不存在金融抑制，在净投资资本回报率推动之下，只要产能利用率不恶化，往往也能呈现出宏观债务杠杆率的缓慢攀升，例如，美国经济在20世纪五六十年代的情况。

在净投资资本回报率为正的情况下，宏观债务杠杆率降低：这种情况，往往是该经济体拥有完善的企业破产清偿机制，在净投资资本回报率的上升支持该国金融体系收紧金融条件，迫使更多的低效企业退出与出清，同时产能利用率持续改善。这两个因素的结合共同推动宏观债务杠杆率取得良性下滑，例如美国经济在2012年之后的情况。

在净投资资本回报率为负的情况下，宏观债务杠杆率提升：一种常见的情形是，在净投资资本回报率为负，且可能持续恶化的情况下，该经济体的企业破产出清机制存在问题，大量僵尸企业继续生存，则必然大量出现借新还旧、债务展期的情况，这部分僵尸企业的加杠杆行为，抵消了正常企业在净投资资本回报率压力下减杠杆的成果，导致宏观债务杠杆率持续面临压力。如果在这种情况下该经济体追求投资扩张，导致产能利用率下滑，则会构成宏观债务杠杆率加速提升的第二股力量。典型例子是中国在2012年之后的情形。

在净投资资本回报率为负的情况下，宏观债务杠杆率降低：净投资资本回报率为负，自然推动正常企业降低杠杆率，此时如果该经济体的企业破产出清机制有所改进，迫使更多僵尸企业出清，则在产能利用率并未大幅好转的情况下，仍旧可能驱使宏观债务杠杆率降低，代价则是投资萎靡和经济增速降低。典型例子是日本在20世纪90年代之后经历的历史。

（三）中国债务杠杆率上升的驱动因素

如前所述，新兴经济体非政府债务杠杆率的上升，中国是最主要的力量。

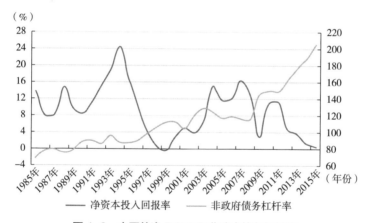

图 4-9　中国的净 ROIC 和非政府债务杠杆率
资料来源：国际清算银行，中国统计局，模型估算。

改革开放以来，中国宏观杠杆率变动简单地可以分为两个阶段。

改革开放到 2008 年全球金融危机之间的 20 多年，除了 1997 年亚洲金融危机到 2002 年的一个短暂插曲之外，中国经济创造了很高的净资本投入回报率。

2008年全球金融危机之后，中国政府推出"四万亿"计划，并在随后10年中，终始没有降低对宽松财政政策、投资刺激、地方政府与国有企业信用背书的依赖。经济得以维持较高增速，但资本产出率大幅下滑、净资本投入回报率暴跌、企业破产出清机制低效，三个同向力量共同作用之下，中国宏观债务杠杆率快速飙升，10年时间上升了83个百分点，创造了主要经济体杠杆率上升的最快纪录。

这一阶段，随着资本回报率的下滑，居民储蓄与国际资本流入双双下滑，政府赤字有所上升。企业净资金流量仍旧占GDP的 –4%~9%，但比之前已经有所下滑。从企业内部结构看，与上一阶段比出现了明显的变化。资本回报率下滑驱动民营企业收窄其扩张欲望，资产负债率从2009年一路走低，民营企业投资增速也从30%以上年增速逐步降低到2016年年中的3%左右。在民营企业减杠杆的同时，形成鲜明对比的是国有企业开始高速加杠杆。国有企业杠杆之所以快速上升，是因为银行体系的信贷供给明显向国有企业倾斜。首先，国有企业的主体评级总体较民营企业更高，截至2020年4月的最新数据显示，AAA主体在国有企业中的占比为38%，而在民营企业中的占比仅有27%；AA–及以下主体在国有企业中占比仅有2%，而民营企业中占比高达 20%。其次，即使主体评级、发债期限相同，民营企业的发债利率也明显高于国有企业。国有企业杠杆率的上升一方面推动中国国有企业债务杠杆率徘徊在高水平，另一方面造成了过多的无效投资与过剩产能，使得中国资本产出率快速走低。

2014 年之后，形势出现了新变化。净资本投资回报率跌近零线，民营企业的投资冲动与加杠杆欲望陷入冰冻状态。其结果是 2015 年企业部门的净资金流量快速向零线收窄，创出改革开放以来的最低水平。国际资本流入水平则降低到加入世贸组织之前的水平。正是在这种形势下，2016 年中央政府再次推动宽松政策，以"去产能、去库存、去杠杆、降成本"为核心推动多个战线上大动作。不过，如同经济规律所预示的，每一次的刺激，得到的边界效果都在递减，这一次的效果只是体现为微不足道的 0.4% 的 GDP 增速反弹，几乎聊胜于无，而代价则是过剩产能、无效资产的进一步恶化，以及资本投资回报率的进一步跌落。

三、演变路径

以美欧日为主要代表的发达经济体，以及以中国为主要驱动力量的新兴经济体，目前面对不同的债务形势。这四大主要经济体拥有不同的资本投入回报率、企业破产出清率与产能利用率，使得其非政府债务杠杆率处于不同的演进路径。

美国经济目前拥有正的净资本投入回报率，企业破产出清率较为健康，产能利用率低于第二次世界大战结束后平均水平，但高于全球平均水平。这一组合可能推动宏观债务杠杆率处于稳定或者缓慢爬升的状态。

日本经济的净资本投入回报率在过去数年持续好转，目前已经高于2%，企业破产出清率较为健康，产能利用率较为稳定，这一组合可能推动宏观债务杠杆率处于稳定或者缓慢爬升的状态。欧洲状况大体类似。

中国与上面三个主要经济体的情况则完全不同。按照微观运行机制与宏观运行机制的角度，中国经济未来有四种可能路径。

（一）场景一：延续近年的路径

近年来，中国政府以相机决策的方式调控宏观经济，一方面避免像2009年那样的标志性刺激政策，另一方面不允许经济增速大幅下滑。在微观经济政策上维持小心谨慎的方针，对"做大做强"国有企业等基本国策进行小幅微调，基本企业制度框架并无明显变化。在可以预见的未来，这一宏微观政策组合有可能继续延续。

基准场景观察的要点包括：微观方面，需要看僵尸企业破产清算机制能否有所进步；宏观方面，需要看政府如何综合使用财政、货币与汇率政策管理经济增速的下行速度。

在这一路径下，政府面临的难题主要包括：地方政府债务、国有企业债务、金融机构资产质量、房地产市场、过早的产业空心化等。

地方政府债务形势严峻，并仍在恶化中，财政部与人民银行对此有共同的担忧。财政部2014年43号文、国务院2016年49号文、2017年财政部等六部委50号文等文件，都体现出中央政府对抑制地方政府债务增长的努力。这一问题的背后是央地之间的责权分工难题。难点在于，在单一制下，如何令地方政府责权对等，"犯错必受惩"。

地方政府债务之所以成为问题，首要的原因在于地方政府承担了促进当地GDP增长的重任，而基建成为他们完成这一任务最主要的工具。各地推行的规模庞大的基建项目对于拉动当地经济有立竿见影的作用，而其中90%资金来源是地方政府的各类融资与支持手段。在某些时刻，中央政府会倾向于严厉控制地方政府债务增长速度，以减轻未来风险；在另外一些时刻，当经济增速下滑受到更大重视的时候，基建投资被寄予厚望，地方政府债务会以更快速度累积。

这样的两难选择对中央政府来说是一个很大的挑战。政府刺激投资力度的降低，有利于宏观债务杠杆率的稳定，付出的代价则是对经济增速掌控能力的降低。

更加艰巨的挑战在于微观机制方面。绝大部分僵尸企业，不是国有企业，就是得到地方政府特殊照顾的大型民营企业。以地方政府对当地经济资源的支配力度，以及对当地游戏规则的支配能力，民营企业极力寻求地方政府的利益关联。与地方政府利益紧密联系的民营企业，一方面会成为地方政府有力的编制外"手臂"，实现地方政府台面上与台面下的利益与诉求，包括照顾地方政府官员个人利益；另一方面自然也会得到地方政府的特殊照顾，拿到僵尸企业"持牌"。

由于经济政策仍旧对国有企业定位为"国民经济的主导力量，社会主义市场经济的重要支柱，体现了我国的社会主义性质"，也由于种种复杂原因，国有企业改革近年来实际上陷于停滞。类似地，地方政府仍旧保留着对当地经济的有力掌控，与地方政府保持着密切联系的民营企业也会继续得到特殊照顾。如此，不论是中央国有企业、地方国有企业还是政府紧密关联民营企业，都免疫于市场优胜劣汰的破产清算机制。由此导致的债务风险如高垒的堰塞湖。

这种情况下，近年来僵尸企业的破产出清机制并没有取得真正的进展，市场经济游戏规则没有在市场参与者层面（相互公平竞争的企业）完整地建立起来，生产资料（信贷、市场准入、土地、垄断权）配置中市场占有的分量也没有大幅度提升，资本投入回报率持续低企。

这种情况下，以下经济逻辑将会自然展开。

第一，在资本投入回报率难以有所改善的情况下，民营企业将改变其资产负债表，投资会持续低落，由此导致有效投资比例持续降低，中国经济的产业升级换代速度也将会逐步下滑，中国制造业在全球产业链中的支配力量处于缓慢但持续的减退中。这一趋势将会继续压低中国经济的资本产出率。

第二，随着地方政府债务的负担加重及中央政府财政空间的逼仄，中国各级政府刺激投资的能力将会进一步下滑。这一方面削弱了中国政府抵抗经济增速下滑的能力，另一方面在基建、过剩产能等领域中的无效投资力度（以其占GDP的比例来衡量）也将下滑，这一变化则有利于稳住中国的资本产出率。

第三，在民营企业的债务杠杆率因资本投入回报率而降低的同时，僵尸企业难以出清，其权重与债务杠杆率持续高位，甚至可能继续恶化，这将阻碍宏观债务杠杆率的下滑。银行的资产质量低企，压低银行放贷意愿，得到政府信用背书的国有企业得到表内融资份额居高不下。

第四，产业升级换代速度降低，将导致GDP增速下滑，资本投入回报率持续低企，劳动者收入告别高速增长，继续下行。收入与利率的降低将推动居民家庭提供的储蓄从高点下滑，相反，企业作为一个整体将从资金使用方逐渐变为提供方，中国作为一个整体将会把更多资金投向海外。

第五，随着海外投资增加、产能释放降低，中国可能告别贸易顺差，中美贸易摩擦则可能令这一进程加速。

除此之外，其他的经济后果也不难预见：

居民收入与投资增速下滑，加之庞大的过剩没有出清，中国的物价将长期处于压力之下。如同日本发生的情况，这将提高中国的实际利率（也就是名义利率与通货膨胀之差），反过来压低企业收益及其相联系的投资意愿。通货膨胀下行与资本投入回报率下行，决定了中国无风险收益率将存在长期压力。

按照前面的分析框架，在这种情况下，人民币实际有效汇率也将存在持续贬值压力。当然，由于中国更可能存在通货紧缩，人民币名义汇率将强于实际有效汇率。

地方政府债台高企，财力日益紧张之下，宏观税负进一步上升，这反过来进一步压低企业的投资收益（不论是正常企业还是僵尸企业），以至于更多的企业沦为僵尸企业，更多的企业压缩其国内投资计划,对外投资的压力与人民银行资本管制措施之间的紧张关系会更加明显。同时,在地方政府财政压力之下,房地产税迟早会提上日程,对中国房地产市场带来深远影响。中国家庭面对过高的债务收入比,降低的工资增速,日益严重的人口老龄化与人口外流,对房地产的购买力度将会下滑。

银行资产质量的下行最终将会触发金融危机,人民银行与政府不得不对数以百计的中小型银行实施救助,其中小部分破产,大部分被大型银行托管吸收。政府将对银行注入巨额资金,维持银行最低资本金要求。

(二)场景二:不实质推进市场化改革 + 更大幅度的宏观刺激

上述场景可能并不能令政府满意,在经济增速压力持续加大的环境中,政府有可能强行推动更大幅度的宏观刺激政策,并为此放弃对地方政府"抽紧缰绳"。这种政策组合能够带来数个季度的经济增速回升,代价则是地方政府与国有企业的更高债务杠杆率。之后,随着刺激政策期间低效(或者无效)投资项目的建成投产,更大的产能无法对应更大的收入流,地方政府与国有企业将面临更大的还本付息压力,被排挤的民营企业会进一步缩减其投资。很快，经济事态会恢复到刺激政策之前，区别只是更高的地方政府与国有企业债务、银行持有更多的低质资产、更高的过剩产能与更低的ROIC。

（三）场景三：实质性推进市场化改革 + 宏观不宽松

这种场景下，在微观层面，对中国特色社会主义市场经济的结构化特征做出实质性改变，僵尸企业有序、公平、市场化地退出；在宏观层面，中央政府不执行刺激性宏观政策。在这一组合下，经济增速将会快速下滑，大量企业倒闭，大批债务违约，众多银行破产，宏观杠杆率则可望快速下降。如果幸运，从长期来看，这种场景有望看到中国经济挺过 2~3 年刮骨疗毒式的痛苦之后，重返高增长路径，跨越中等收入陷阱。

这一场景实现的概率不高，如果真的实施，将会对中国社会与政治体系吸纳经济震荡的能力提出很大挑战。

（四）场景四：实质性推进市场化改革 + 宏观宽松

这一场景所要求的实质性改革，假设这一实质性改革的确有效推出，中国经济建立起真正意义上的市场化运行机制，地方政府的借贷之手被捆住，国有企业不再享有特殊地位，民营企业不再与地方政府及其官员存在过多关联，假以时日，中国经济的资源配置效率有所提高，僵尸企业破产机制得到改善，无效资本挤出效率有望提升。

在这一场景下，中国经济将会进入寒冬。大量企业倒闭、大量债务违约，导致银行低质量资产曝光，大量中小型银行需要被接管，大型银行需要被注资。在银行间交易冰冻之时，人民银行必须出手，无限量向银行提供附带抵押要求的流动性，以维护整体银行体系的生存。

财政部需要做好准备，即使面对财政收入的剧降与开支项目的剧增，仍旧坚定地以天量赤字为经济提供缓冲，尤其需要执行好的社会保障政策，为社会中最需要帮助的人提供帮助。

这一场景下，阵痛将会持续5年，同时也会带来必要的动力，完成必要的激进改革。5年之后，中国经济机制得到改善，资源配置效率提升，开始另一个健康增长的时代。

在上述四种可能场景中，中国最可能面临的是第一种场景和第四种场景的混合，有如下四条理由。

一是中国的存量企业债务规模过于庞大，去杠杆的要义是推动僵尸企业破产，但是这样做容易引发经济硬着陆和系统性金融风险，中央政府已经将去杠杆的目标调整为"稳杠杆"，"稳杠杆"意味着不会大规模地关闭僵尸企业，而是在一段较长的过程中利用名义GDP的增长稀释债务风险。国际清算银行（BIS）的数据显示，截至2019年第三季度，中国存量企业债务为GDP的150%，大幅高于同期新兴经济体总体水平97%、发达经济体总体水平90%和全球总体水平93%（见表4-1）。

二是在新冠肺炎疫情的冲击下，中国的宏观逆周期调节必然导致或默许国内新增债务暂时提速。根据国家金融与发展实验室的最新数据，2020年第一季度，我国非金融部门杠杆率从2019年的245.4%上升到259.3%，提高了13.9个百分点。其中，家庭杠杆率从2019年底的55.8%上升到57.7%，提高了1.9个百分点；企业杠杆率从151.3%上升到161.1%，提高了9.8个百分点；地方政府杠杆率从21.5%上升到23.3%，提高了1.8个百分点；中央政府杠杆率从16.8%上升到17.2%，提高了0.4个百分点。由此可见，2020年第一季度我国国有企业新增债务规模很大，但这是短期内对冲新冠肺炎疫情影响的必然举措。

三是中国债务跨部门间腾挪的空间有限。回到国际可比的BIS统计口径，中国家庭部分杠杆率在2008年全球金融危机以后的上升速度比较快，从2008年第一季度的19%

提高到了 2019 年第三季度的 54%，与同期的全球总体水平 60% 和发达经济体总体水平 72% 的差距已经不大。在中国家庭收入增长放缓、房地产市场面临长期调控的背景下，家庭部门继续加杠杆的空间不大。另外，政府继续加杠杆的空间也不大。中国的企业债务中很大一部分是融资平台债务（城投债务），尽管"新预算法"已实施多年，存量和新增的城投债务或多或少仍带有地方政府隐性债务的属性。根据张晓晶、刘磊（2020）的估计，窄口径和宽口径下的地方政府隐性债务分别约占 GDP 的 20% 和 55%，加上显性政府债务，中国政府杠杆率会达到 60% 或 95%。如果按照上述宽口径估算，中国政府杠杆率已经超过 BIS 公布的全球总体水平 86%，并接近发达经济体总体水平 109%。尽管中国已经宣布将发行抗疫特别国债，但是具体金额还没有公布。在地方政府隐性债务尚未厘清的背景下，中央政府债务的扩张可能会受到一定的牵制。

四是中国经济体制改革的方向不变，稳杠杆的目标不变。中共中央、国务院推出了"关于构建更加完善的要素市场化配置体制机制的意见"，虽然政策落地的效果有待观察，但这至少表达了中央政府推动要素市场化改革的决心。中国人民银行（2020）提出要尽量长时间保持正常的货币政策，通过改革开放发展好股权融资等政策建议。

综合以上分析，我们可以大致判断中国宏观杠杆率的演变路径：在当前及未来短期内处于上升期，在未来 2~5 年内趋稳平走，在未来 5~10 年内趋于下降。

本章主要是从投资回报率的角度来分析全球债务杠杆率的驱动因素和演变路径的。需要指出，2020 年新冠肺炎疫情的全球爆发是驱动全球债务杠杆率演变的不可忽略的外生因素。

首先，新冠肺炎疫情会进一步推升全球政府杠杆率，特别是发达经济体的政府杠杆率。为应对新冠肺炎疫情对各国经济的冲击，各国不得不采取大规模的财政刺激计划，实施这些计划所需的政府融资规模将迅速扩大。美国政府于 3 月底签署了规模达 2.2 万亿美元的经济刺激计划。根据富国银行的估算，美国 2020 年联邦预算赤字可能增至 2.4 万亿美元，占 GDP 的 11.2%，这将是自第二次世界大战以来美国最高的赤字率。日本政府也已确定第三轮紧急经济对策与 2020 年度补充预算案，财政支出约为 39.5 万亿日元，总规模将达史上最大规模 108.2 万亿日元。为确保财政来源，日本政府将发行 16.8 万亿日元国债。根据国际金融协会（IIF）的统计，2020 年 3 月份，全球政府债券发行总额达到 2.1 万亿美元的创纪录高位，是 2017—2019 年平均值 0.9 万亿美元的两倍多。

其次，新冠肺炎疫情会激发额外的全球企业债务融资需求，特别是新兴经济体的美元债务融资需求。根据IIF的统计，全球有超过20万亿美元的债券和贷款将在2020年底到期，其中4.3万亿美元来自新兴经济体。除中国外，外汇债务占新兴经济体债务的20%。截至2020年3月，新兴经济体的外汇债务超过5.3万亿美元。IIF预计，到2020年底新兴经济体将需要再融资7 300亿美元的外汇债务。目前，新冠肺炎疫情已经对全球供应链造成严重冲击，各国有企业正遭遇需求、供给的断崖式下滑。在疫情严重的地区，企业被迫停产。为了存活下去，各国有企业需要额外的流动性支持，特别是作为国际硬通货的美元流动性，以偿还到期债务，采购并囤积关键零部件，支付工资、租金等必要成本。这显然会加大2020年乃至未来几年的全球企业杠杆率。

最后，新冠肺炎疫情将加大全球企业和家庭的偿债压力，无论在发达经济体还是新兴经济体，"垃圾债"的违约风险都将上升。一方面，发达经济体企业股价大幅下跌、现金流受到严重冲击，标普预计，未来12个月信用评级为"垃圾级"的欧洲企业的违约率可能会增加近三倍，达到8%。另一方面，如本书"前言"中"变化五"所述，新冠肺炎疫情已导致许多新兴经济体遭受突然的资本外流和汇率贬值，使得新兴经济体美元债的偿还压力骤增。

尽管如此，我们认为新兴经济体美元债违约可能出现在分散的个别脆弱的市场上，但是引发全球性金融危机的可能性不大。从新兴经济体整体的经常账户收支来看，2008年全球金融危机后低收入国家对外贸易持续录得赤字，并有扩大的趋势，但是中等收入国家的赤字率在3%以内。从外债与国民收入的比值来看，低收入国家外债/国民收入从1989年的4.4%持续滑落，直到2012年的0.9%，随后从2014年开始回升，直至2018年的1.8%。中等收入国家的外债/国民收入从1999年的6.0%，下降到2011年的2.5%，随后从2014年开始回升至2018年的3.6%。从短期外债与外汇储备的比值来看，截至2018年末低收入国家为15.6%，中等收入国家为34.5%，这些国家的短期外债与外汇储备的比值进入21世纪以来都是大幅下降的。总体来看，当前新兴经济体的外债违约风险显著低于20世纪90年代。

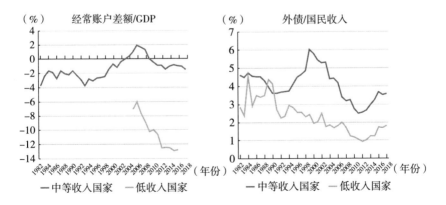

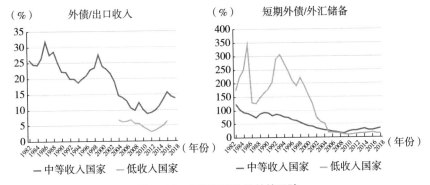

图 4-10 新兴经济体的外债风险

资料来源：世界银行。

第五章

全球跨境资本流动发生了
前所未有的变化

2008年全球金融危机后,随着全球央行作用、金融监管框架等变化,全球跨境资本流动的总量缩小,其结构也发生了巨大的变化。跨境资本流动的变化可以分为总量和净量两个层面。总量即流出量的绝对值和流入量的绝对值之和,能够反映跨境资本流动的规模和波动性。净量即流出量和流入量的轧差,反映跨境资本净流入和净流出的方向和规模。因此可见,两种统计量各有的不同含义,应分别予以考察。

一、全球总量的变化

全球金融危机爆发后的十年内,全球跨境资本流动的总量(流出量+流入量)出现了明显的收缩。由于数据可得性的限制,我们选取G4国家(美国、欧盟、日本、英国)和BRIICS国家(巴西、俄罗斯、印度、印度尼西亚、中国、南非)作为代表性的发达经济体和新兴经济体,将他们的跨境资本流动总量数据加总，估算全球跨境资本流动总量。当然，如此得到的全球跨境资本流动总量数据虽然小于真实值，但并不妨碍我们观察其历史变化趋势。结果显示，2005—2008 年，平均每个季度的全球跨境资本流动总量约为 3.3 万亿美元，而全球金融危机后的 2009—2019 年（第三季度），该数值则为 2.3 万亿美元，下降了 30%。

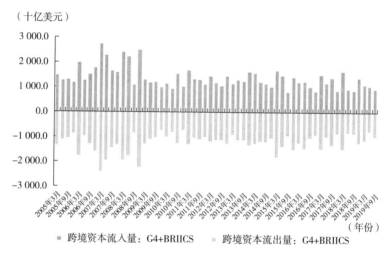

图 5-1　全球金融危机后全球跨境资本流动总量萎缩

资料来源：IMF。

全球跨境资本流动总量收缩的同时，其结构发生两方面的变化。

一方面发达经济体的跨境资本流动总量萎缩，而新兴经济体的跨境资本流动总量及其波动性均上升。根据 IMF 的统计，2005—2008 年，G4 国家平均每季度的跨境资本流量约为3.0万亿美元，而BRIICS国家的数值仅为2 601亿美元左右。全球金融危机后的2009—2019年第三季度，G4国家平均每季度的跨境资本流量为2.0万亿美元，比全球金融危机前下降了33%，而BRIICS国家的数值为3 672亿美元，比全球金融危机前上升了41%。由于绝大多数的跨境资本是经由G4国家出入的（资本从一个新兴经济体直接流入另一个新兴经济体的情况较少），上述现象意味着全球金融危机以后，发达经济体之间的跨境资本环流部分地分流至发达经济体与新兴经济体之间。

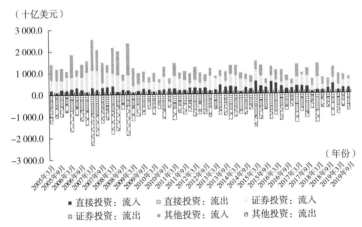

图5-2　主要发达经济体（美、日、欧、英）跨境资本流量在全球金融危机后减小

资料来源：IMF。

全球跨境资本流动之所以向新兴经济体转移，有三个可能的原因：一是全球金融危机后发达经济体采取量化宽松的

货币政策使得全球金融市场流动性充裕,二是全球金融危机后发达经济体金融监管趋严使得发达经济体资金脱实向虚现象有所改善,三是全球金融危机后发达经济体经济复苏前景悲观而新兴经济体经济依然保持较高的增速。

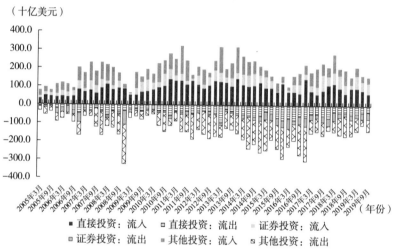

图 5-3 主要新兴经济体(BRIICS)跨境资本的流量和波动性在全球金融危机后上升

资料来源:IMF。

另一方面,金融危机后全球跨境资本流动总量的直接投资的占比有所提高,而证券投资和其他投资占比都下降了。IMF 的数据显示,就全球主要国家(BRICS+G4)而言,2005—2008 年,直接投资的占比约为 20%,证券投资约为 32%,其他投资约为 48%;而 2008—2019 年第三季度,三类占比分别约为 30%、30% 和 40%。这也许反映了全球金融危机后,人们对实体经济更加重视,投机性资金则有所收敛。然而需要指出,上述趋势从2016年开始悄悄逆转,由于美联储退出量化宽松政策、中国加强对外投资审查、贸易保护主义抬头等原因,直接投资占全球跨境资本流动的比重出现回落,但目前仍高于全球金融危机前的水平。

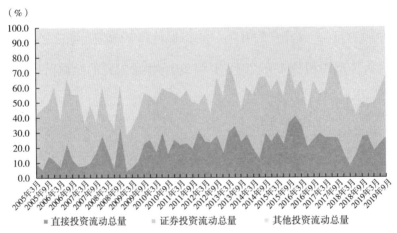

图5-4 直接投资、证券投资、其他投资在全球跨境资本流量中的占比
资料来源:IMF。

二、全球净量的变化

2008年全球金融危机后,全球跨境资本净流动方向的改变(见图5-5)。发达经济体和新兴经济体的非储备资产金融账户在次贷危机前均为资本净输入(国际收支金融项目为净负债)。全球金融危机前后,金融项目净流动方向虽没有改

变，但是波幅增大。特别是新兴经济体在 2007 年、2008 年和 2009 年的资金净流入量分别为 64 643.38 亿美元、918.21 亿美元和 4 444.80 亿美元，年变化率分别为 340%、-86% 和 384%。全球金融危机后，发达经济体和新兴经济体均由资本净流入转为净流出。发达经济体于 2013 年非储备资产金融账户首次资本净流出达 759.52 亿美元（国际收支金融项目资产净额为正），且在之后几年，始终保持资本净输出状态。新兴经济体的跨境资本在 2015 年和 2016 年有短暂的净输出。

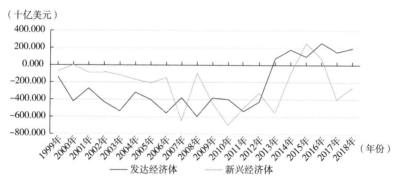

图 5-5　全球国际收支非储备金融项目资产负债净额

资料来源：IMF。

非储备金融账户主要有直接投资、证券投资和其他投资三个子项目。比较子项目在 2008 年全球金融危机前后的变动趋势，发达经济体金融的跨境资本流动变动主要源于对外证券投资账户。全球金融危机前，发达经济体整体对外证券投资账户多于吸收证券投资金额（国际收支证券投资金额为负)。从2001年开始资产负债差额持续增加,最高位为2008年账户净负债达到11 449亿美元。全球金融危机后证券投资账户资本净额差锐减,2015年账户转变为资本净输出。相比证券投资,直接投资和其他投资账户,在全球金融危机前后变化较小。直接投资总体为资本净流出。其他投资账户净额变化较小,除2013年其余时段净值均在正负2 000亿美元区间内。

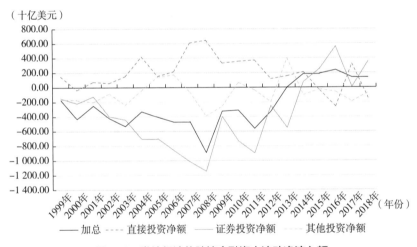

图5-6 发达经济体跨境金融资本流动净流入额

资料来源：IMF。

全球金融危机之后,各国央行纷纷实行了宽松货币政策,为实体经济的发展注入流动性。然而,不同经济体所采取的宽松利率政策却有差别。美、日、欧等经济体的利率长时间接近零利率,甚至是负利率。而印度和中国等新兴经济体利率较发达经济体高。由此可见，发达经济体相对资本融资成本更低，这推动了发达经济体的部分证券投资向新兴经济体转移。

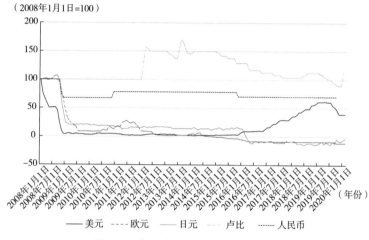

图5-7　各经济体隔夜银行间利率指数

资料来源：St. Louise, FED。

此外，新兴经济体，如印度和中国等，GDP增长明显快于发达经济体，但股票市场总市值占GDP的比例显著低于美国和日本（见图5-8），甚至低于全球金融危机爆发以前的水平，显示出新兴经济体股票价值可能被低估。这是跨境证券投资转向新兴经济体的另一个原因。

新兴经济体的非储备资产金融账户由净流入转变为净输出，其中其他投资的资本变化影响最为显著。全球金融危机前，其他投资账户的资本净流出均少于2 000亿美元。全球

图 5-8　各经济体股票总市值/GDP

资料来源：St. Louise, FED。

金融危机后账户资本净流出有明显增加，其中 2015 年达到最高值 4 018 亿美元，为全球金融危机前的两倍。直接投资和证券投资账户在全球金融危机后大致为资本净流入，且 2010 年后账户资本净流入量明显多于全球金融危机前，但是体量小于其他投资账户的净输出额，因此总体非储备资本金融账户净流入额减少。

新兴经济体其他投资的资本变动主要由亚洲国家主导。2012 年、2014 年和 2015 年其他投资账户变动量均超过 4 000 亿美元，亚洲地区占所有新兴经济体变动的 50.6%、68.6% 和 99.9%。其余地区的其他投资净流量较全球金融危机前都有增加，但是其影响力明显小于亚太地区。此外，亚洲新兴经济体其他投资与中国其他投资走势十分接近，折射出中国是推动亚洲新兴经济体其他投资变化的主要贡献者。

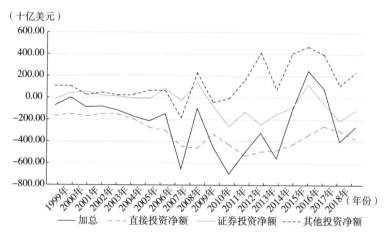

图 5-9　新兴经济体跨境资本流动净额

资料来源：IMF。

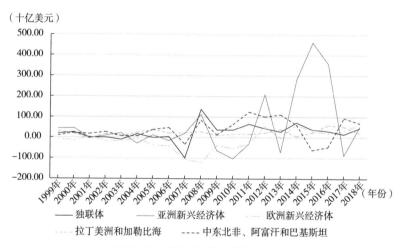

图 5-10　新兴经济体其他投资净额

资料来源：IMF。

此外，金融危机后全球跨境资本净流动的另一个显著变化是资本的波动性增强。全球金融危机前发达经济体每年的跨境资本净额大致保持在 4 000 亿美元以内。而在全球金融危机后，跨境资本流动净额有多个时段出现骤升骤降的现象（例如 2007—2009 年、2011—2013 年等）。

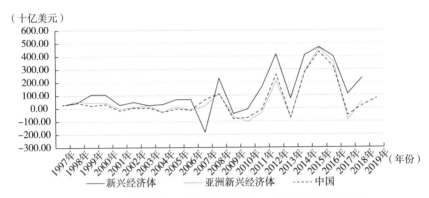

图 5-11　新兴经济体、亚洲新兴经济体、中国的其他投资净额
资料来源：IMF，中国国家外汇管理局。

三、中国跨境资本流动的变化

如果将目光聚焦在中国，从总量来看，根据中国国家外汇管理局的统计，中国非储备性质金融账户下的跨境资本流量曾在 2007 年第四季度达到极大值 2 100 亿美元，2008 年全球金融危机爆发期间虽有回落，但在危机后又持续扩大，并在 2016 年第 3 季度达到 3 300 亿美元。

从净量来看，首先，资本跨境流向稳定性减弱。金融危机前，中国非储备资产金融账户为资本净流入（资本净流入为净负债额,即项目负债与资产差额)。2008年全球金融危机后,非储备资产金融账户在资本净输出和净流入间频繁转换——2008—2011年呈现净流入,2012年为资本净流出,2013年又转为资本净流入,2014—2016年再次转为资本净输出,2017年第三次呈现资本净流入。在子项目中,跨境资本的不稳定性主要来源于其他投资账户。每2~3年就出现资本净值方向上的转变。直接投资账户和证券投资账户在全球金融危机前后整体相对稳定,有1~2次资本流向上的变化,明显少于其他投资。

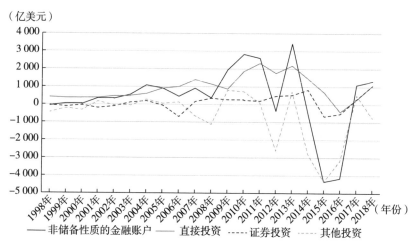

图5-12 中国国际收支金融账户资本净流入额

资料来源:中国国家外汇管理局。

其次,资本流动净值体量增加。中国非储备资产金融账户在全球金融危机前的资本流入额均少于1 000亿美元(除了 2004 年资本净流入额略高，为 1 081 亿美元）。全球金融危机后账户资本流动净额却都超过 2 000 亿美元（除 2012 年为 360 亿美元净流出），是全球金融危机前的翻倍。

四、驱动因素的变化

我们建立了实证模型，分析了全球跨境资本流动的驱动因素在金融危机前后的变化，结果显示，2008 年全球金融危机后，金融市场情绪波动、美国汇率、美国利率对全球跨境资本流动都有巨大影响。

首先，市场波动率因素在 2008—2017 时段显示出对跨境资本净流入的影响。其中波动率与发达经济体的其他投资呈正相关，与新兴经济体的资本流入呈负相关。市场波动率指标在 2008 年达到年平均最高峰 32.66，之后逐年转低，虽然 2011 年和 2015 年略有小幅的反复，但总体上，风险厌恶情绪在全球金融危机后不断释放。同期，发达经济体的其他投资账户资本净流入减少，新兴经济体的证券投资账户资本净流入增加。2008 年后风险情绪逐步释放，投资者更愿意承担风险购买新兴经济体的证券资产和减少对发达经济体借贷，以获取高额投资收益。而 2008 年全球金融危机之前，市场波动率因素对全球跨境资本流入并未呈现显著的影响。

其次，美元汇率（USX）在全球金融危机前没有显著影响力，但是在全球金融危机后，新兴经济体的直接投资与美元汇率呈现显著负相关性，即美元升值减缓了资金流向新兴经济体的直接投资。货币的价格变动是许多综合因素产生的结果，而美元升值反映了市场对美元资产的追逐，以及对新兴经济体的直接投资和高风险资产的投资需求减少。

最后，美国利率（USR）在全球金融危机前对跨境资本流动并没有显著相关，在全球金融危机之后与发达经济体的直接资本流入呈负相关，以及对证券投资呈正相关。2008年全球金融危机后，美国采取量化宽松政策，短期利率下降，其中2009—2015年保持在0.25%左右。与此同时，无论欧盟还是日本也采取了低息（其中日本于2016年的基准利率为负）。全球不稳定因素的提升使得发达经济体直接投资净值在金融危机后递减。同时，低利率造成了美元、欧元的低借贷成本，继而涌入资本市场，形成美国股市维持8年的连续的增长，吸引国内外投资。

我们亦针对中国的情况建立模型，发现中国跨境资本流动的驱动因素亦在2008年全球金融危机后发生变化，表现在以下五个方面。

一是快速流动资本受市场情绪因素影响作用。金融危机后，全球金融市场风险敏感度提升，尽管中国金融市场有相对良好的金融监管，但这种风险情绪仍影响了跨国资本对中国证券市场的投资。市场波动率指数在2008年全球金融危机后与中国跨境证券投资有显著负相关。波动率指数的下降意味着国际市场风险情绪的释放，使得国内外投资者减少海外安全资产持有，增加对中国证券的持有，以获取高额收益。

二是海外驱动因素的作用提升。全球金融危机前，中国跨境资本主要受中国国内经济、金融的影响。然而全球金融危机之后，中国因素比重下降，海外因素比重上升。其中海外决定因素作用明显的是美元汇率、美元利率、欧元利率等金融市场因素，这些因素尤其影响证券投资和其他投资这类快速流动资本。

三是美元和欧元利率与中国其他投资贷款项呈正相关。全球金融危机后，国际主要经济体利率的上升，特别是美元和欧元利率的回升、全球经济环境回暖、市场对地区经济信心提升，以及海外贸易信贷额度提升。而全球金融危机前，中国其他投资贷款项目对其他经济体利率并不敏感。

四是美元有效汇率的上升与中国其他投资货币存款呈正相关。可能的解释是，全球金融危机后美元几次升值引发了人民币的贬值预期，从而刺激了中国对外币资产的投资。而全球金融危机前,中国其他投资货币存款对美元汇率并不敏感。

五是中国国内驱动因素的作用下降。中国的直接投资相比其他两个子项目净流入更为稳定,其动因主要来自中国的实体经济因素。实体经济是促进外商对华投资的主要因素之一,无论是全球金融危机前还是全球金融危机后,中国的经济动力对海外资本的吸引都呈现显著正效应。但是中国实体经济因素对直接投资的解释力度有明显的下降。国际市场的实体经济,特别是欧盟和日本经济对中国海外投资的影响力增加。股票市场的成熟度通常以股票市场成交额作为衡量指标。在全球金融危机前,中国股票市场成交额对中国跨境证券投资流入额具有显著的刺激作用,但是该因素在全球金融危机后却不显著。

五、新冠肺炎疫情的影响

2020年第一季度全球先后大规模爆发了新冠肺炎疫情。新兴经济体资本流入出现了明显的下降。表5-1和表5-2分别为全球流入新兴经济体包含中国地区和不包含中国地区的跨境资本。流入新兴经济体的跨境资本总量从2017年逐步递减,而2020年的资本流入递减速度加快,预测总量为

4 440亿，只有2019年的32.4%。

跨境资本的具体项目中，直接投资虽然略有收缩，但总体平稳。证券投资项目数量下降明显，约为2019年的19.4%。其中股权投资由外资净流入变为外资净流出。其他投资项目也由资本净流入转化为2020年的资本净流出。

新兴经济体证券投资的跨境资本净流出主要源于资本在全球经济预期下降后，寻找避险资产，回流成熟市场。大量国际资本的流出可能引发部分新兴经济体的汇率风险，尤其是开放经济小国。汇率贬值又会导致新兴经济体金融资产价格大幅下跌，反过来进一步促进资本外流。

表5-1 全球流入新兴经济体（不包含中国）跨境资本 单位：十亿美元

年份	2015	2016	2017	2018	2019	2020（预测）
加总	467	540	819	622	678	304
直接投资	325	332	341	346	356	294
直接投资股权	246	249	283	270	308	256
直接投资债权	79	84	58	76	48	38
证券投资	41	141	297	69	155	−41
证券投资股权	−1	45	42	−22	20	−40
证券投资债券	42	96	254	91	135	−2
其他投资	100	66	181	207	167	52

资料来源：IIF。

表 5-2　全球流入新兴经济体（包含中国）跨境资本　单位：十亿美元

年份	2015	2016	2017	2018	2019	2020（预测）
加总	364	798	1 262	1 139	937	444
直接投资	568	507	507	581	511	414
直接投资股权	458	414	424	456	439	361
直接投资债权	110	93	83	125	72	53
证券投资	48	192	421	229	302	59
证券投资股权	14	68	78	39	65	−13
证券投资债券	34	123	342	190	237	71
其他投资	−251	99	334	329	124	−28

资料来源：IIF。

第六章

新兴经济体在全球金融体系中的地位前所未有地上升

进入21世纪以来，以中国为代表的新兴经济体较快增长，经济规模占全球比重持续上升。根据IMF的统计，以现价核算的新兴经济体GDP占全球GDP的份额从2007年的28%上升至2018年的40%，而以购买力平价计算的新兴经济体GDP占全球GDP的份额则早在2008年就超过50%，此后持续上升，截至2018年已达到59.2%。

这一基础性的变化推动了新兴经济体在全球金融体系中的地位持续上升，尤其在2008年的全球金融危机之后。全球金融危机不但没有打破上述趋势，反而使得新兴经济体在全球金融体系中的地位更加凸显。这主要体现在四个层面：一是金融市场层面，2008年全球金融危机后新兴经济体的股票市场规模、跨境资本流动总量的全球占比大幅上升，表明新兴经济体金融市场的重要性显著提高；二是官方储备层面，新兴经济体持有的外汇储备规模在2014年达到顶峰，并继续维持在远高于发达经济体的水平；三是全球金融治理层面，全球金融危机后新兴经济体在 IMF 的配额和话语权得到显著提升，并通过其他正式和非正式的合作机制开始更加积极地参与国际金融治理；四是中国国际地位的上升，中国的 A 股市值全球第二，债券市场规模全球第三，银行资产全球第一，外汇储备规模全球第一，人民币国际化正在稳步推进，同时中国积极参与国际金融治理，中国的境外的金融活动也对全球经济发挥了更大作用。

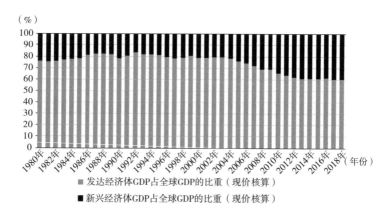

图 6-1 新兴经济体 GDP 占全球的比例在金融危机后持续上升
资料来源：IMF。

一、金融市场和资本流动

全球金融危机后，随着新兴经济体的经济体量的增长、金融深化和对外开放，新兴经济体的金融市场逐渐成为全球金融市场的重要组成部分。

第六章　新兴经济体在全球金融体系中的地位前所未有地上升

根据世界银行的统计，2006年中低收入国家上市公司总市值仅占全球上市公司总市值的10.0%，中低收入国家股票交易额仅占全球股票交易额的6.3%。从2007年开始，中低收入国家的股票市场迅速发展。截至2018年，这些国家上市公司总市值的占比已经上升到20.1%，股票交易额的全球占比上升到24.6%，新兴经济体的股票市场对全球金融市场的重要性已经不可忽视。

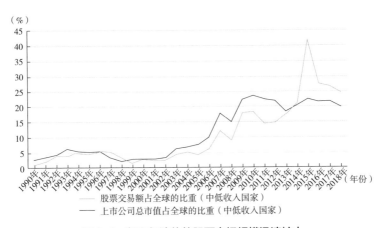

图6-2　新兴经济体的股票市场规模迅速扩大

资料来源：世界银行。

从跨境金融的角度看，我们分别计算了中国、印度、印度尼西亚、俄罗斯、巴西、南非这六个主要新兴经济体的跨境资本流动总量（流入＋流出）和美国、日本、欧元区、英国这四个主要发达经济体的跨境资本流动总量。结果显示，在2007年以前，主要新兴经济体的跨境资本流动总量大约只占上述所有国家加总的 10% 左右,而在 2008 年全球金融危机后,上述比例在 20% 上下波动,新兴经济体跨境资本流动的绝对规模和相对规模都已明显扩大。

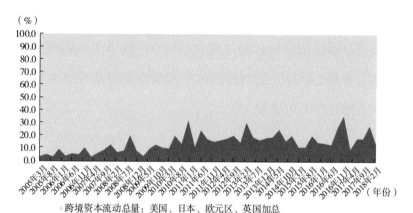

图 6-3 新兴经济体跨境资本流动的全球占比上升

资料来源:IMF。

二、外汇储备

上述对跨境资本流动的刻画剔除了外汇储备的变化,因为外汇储备的变化很大程度上是国际收支变化的被动反应。外汇储备作为一种重要的战略资源,既可用于应急购买外国商品和资产,也可以用来稳定本币汇率和金融体系,乃至通过互换合作助力他国金融系统的稳定。因此,外汇储备也能反映一国在全球金融体系中的地位。

第六章 新兴经济体在全球金融体系中的地位前所未有地上升

由于在全球化背景下生产发展和出口能力的提升，新兴经济体在21世纪前15年享有巨大的经常项目收支顺差。2009年以前，新兴经济体经常项目收支顺差不断扩大，最甚时顺差规模高达6 000多亿美元。2009年以后，虽然新兴经济体贸易顺差有所缩小，甚至在2014年后开始逆转，但是此前持续的顺差使其积累了巨额的外汇储备。据IMF提供的国际金融统计（IFS）数据，2014年6月底，新兴经济体持有8.18万亿美元的外汇储备，接近发达经济体4.27万亿美元的一倍。即使此后因经常项目收支恶化、美元加息升值，引起新兴经济体资金外流，使外汇储备有所缩小，但是2018年6月底，在全球11.84万亿美元的非黄金外汇储备中，新兴经济体仍持有60%，规模超过7万亿美元。

就2019年10月各经济体外汇储备情况而言，全球占比超过1%的18个经济体合计占比86.45%，其单体持有外汇储备规模接近或超过1 000亿美元。排名前十的经济体是中国、日本、瑞士、沙特阿拉伯、中国香港、俄罗斯、印度、韩国、巴西、新加坡，各自持有接近或超过2 700亿美元的外汇储备。由此可见，中国、印度、巴西和俄罗斯这四个"金砖国家"赫然在列，合计持有41.66%的全球份额。尤其是中国，持有3.105万亿美元外汇储备，占全球份额的30.14%而且位列第一，是第二名日本持有量的2.5倍。

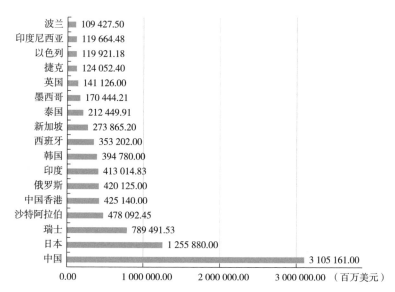

图 6-4　2019 年 10 月年全球持有量最多的 18 个经济体的外汇储备规模
资料来源：IMF。

三、对全球金融治理的作用

新兴经济体在全球金融体系中地位的上升还体现在新兴经济体更积极地参与全球金融治理。全球金融危机后的一个重要变化是 2010 年 IMF 的配额改革，此次改革显著增加了主要新兴经济体的配额和投票权。

从 1969 创立 SDR 到 2018 年，IMF 成员国总计只有 214 亿 SDR 分配。全球金融危机爆发后的 2009 年，通过特别增资和一般增资，一年内增加 1 826 亿 SDR。IMF 在 2010 年进行宽范围改革，完成了第 14 次配额总检查，SDR 总配额由

2009年的2 042亿扩大到4 755亿,并向有活力的新兴经济体成员转移6%的投票权,其中80%来自发达经济体和产油国,20%来自其他新兴经济体。

金砖国家作为有活力的新兴经济体代表,其配额和投票权均有显著上升。中国、巴西、印度、俄罗斯这四个金砖国家与美国、日本、德国、法国、意大利、英国一起,位列前十大配额和投票权成员国。金砖四国合计占到全部SDR配额的14.2%,全部投票权的13.54%,接近否决重大决策所需的15%的投票权。中国大幅增加SDR配额,占比由3.82%提升至6.41%,投票权也提升至6.09%。

随着IMF成员国陆续批准接受配额增加方案并出资,到2016年1月已有94%以上投票权接受该配额增加方案(超过方案通过所需的85%的投票权及格线),到2017年4月有99.7%的配额得到落实。2018年8月28日IMF更新的主要成员国配额和投票权如表6-1所示。

表6-1 IMF成员国SDR配额和投票权

成员	配额(百万SDR)	占比(%)	投票权	占比(%)
美国	82 994.2	17.4	831 407	16.52
日本	30 820.5	6.48	309 670	6.15
中国	30 482.9	6.41	306 294	6.09
德国	26 634.4	5.6	267 809	5.32

续表

成员	配额（百万SDR）	占比（%）	投票权	占比（%）
法国	20 155.1	4.24	203 016	4.03
英国	20 155.1	4.24	203 016	4.03
意大利	15 070	3.17	152 165	3.02
印度	13 114.4	2.76	132 609	2.64
俄罗斯	12 903.7	2.71	130 502	2.59
加拿大	11 023.9	2.32	111 704	2.22
巴西	11 042	2.32	111 885	2.22
沙特阿拉伯	9 992.6	2.1	101 391	2.02
西班牙	9 535.5	2.01	96 820	1.92
墨西哥	8 912.7	1.87	90 592	1.8

注：表中数据截至2018年8月28日。
资料来源：IMF。

需要指出的是，在IMF的配额调整和投票权分配上，新兴经济体并没有获得与发达经济体平等的地位。首先，IMF配额的调整以配额分配公式为参考依据，而当前公式的合理性和权威性仍然不足。目前的配额分配公式是同时考虑了GDP、贸易和金融开放度、外汇储备、外汇收入波动性这几个指标，旨在综合衡量各国的资金供应能力和外部融资需求。这是因为IMF的配额既决定了各国需要缴纳的资金，又决定了各国分得的SDR，还决定了各国的投票权。问题在于，一国的资金供应能力、外部融资需求和话语权诉求往往是不一致甚至是反相关的。假定一国开放度较高，而外汇收入波动极大，那么无论配额公式给予该国较多还是较少的配额都不合理。如果为了满足该国的外部融资需求给予较多的配额，那么该国如何拥有足够的资金上缴给 IMF？如果考虑到该国资金提供能力，而给予较少的配额，那么该国只能得到很少的 SDR，对抵御外部风险没有实质性的意义。此外，IMF 配额公式中各变量的权重、压缩系数的赋值也不断存在争议。正因为其合理性不够，配额公式仅被用作参考，而配额的实际调整主要是谈判及投票的结果。

其次，围绕 IMF 配额调整的谈判和投票面临极大的政治阻力。根据 IMF 章程，配额调整需要 85% 的赞成票数才能获得通过，而美国一国就占据 16.5% 的投票权，欧元区则占有 29.4% 的投票权，因此，发达经济体向新兴经济体一次性大幅转让投票权的可能性极低，即便在 IMF 理事会得到通过，还将面临各国国内的政治阻碍。2010 年，第 14 次配额总检查后，IMF 理事会通过了发达经济体向新兴经济体成员转移 6% 投票权的决议，然而由于美国国会的阻碍，该决议直到 2016 年才得以落实。

最后，IMF 配额总检查的频率过低，通常 5～10 年一次。2019 年完成了第 15 次配额总检查，距离第 14 次配额总检查足足相隔 8 年之久。同时在第 15 次配额总检查中，IMF 的配额和治理改革仍未取得任何进展。综上所述，我们预计新兴经济体在 IMF 中话语权的上升速度将非常缓慢。

四、中国地位的上升

中国作为新兴经济体的一员，虽然在上述对金融市场层面、官方储备层面、全球金融治理层面的论述中已包含了中国的作用，但中国在新兴经济体中体量最大、发展最快、作用最突出，具有其他新兴经济体成员所不具备的影响，有必要单独论述其地位和作用。以下我们将从资本市场、金融资产、人民币国际化、国际金融治理、境外金融活动等五个方面来看中国地位的提升。

（一）资本市场

（1）中国 A 股总市值居全球第二，纳入三大国际指数公司的指数

2009 年底，沪深两市市值合计 24.4 万亿元。2019 年底，沪深两市市值合计 61.6 万亿元，A 股的股票总市值稳居全球第二。2019 年，中国股市的市值超过了日本、英国、法国等

主要国家的股市，仅次于美国股市。截至2019年底，全球上市的中国公司有5 392家（不含股转系统），合计发行股票5 594只，约占全球所有上市公司总市值的14.2%，仅次于美国，已经成为全球资本市场重要组成部分。

2018年6月，中国A股被正式纳入全球最大指数公司明晟（MSCI）新兴经济体指数。同年9月，A股纳入因子由2.5%扩大到5%。2019年5月，MSCI把指数中现有的A股纳入因子增至10%，8月增至15%，11月增至20%。2019年5月，全球第二大指数公司富时罗素公布首批纳入其全球股票指数系列的1 000多只A股名单，分类为次级新兴经济体。8月24日，富时罗素宣布将A股纳入因子由5%提升至15%。2019年9月，标普道琼斯指数宣布，超过1 000只A股将被纳入标普新兴经济体全球基准指数，纳入因子为25%。伴随A股国际化程度不断提升，海外资本"加配"中国市场渐成趋势。三大国际指数公司陆续将A股纳入指数成分股，且纳入因子和权重逐渐提升，充分体现了国际投资者对中国市场的信心。

（2）中国债券市场位居全球第三，纳入国际主流债券指数

中国债券市场现已位居全球第三。近年来，中国债券市场对外开放持续扩大，从要素流动型开放向规则等制度型开

放转变的程度逐步加深。截至2020年1月末,中国债券市场存量规模达100.4万亿人民币,其中国际投资者持债规模超过2.2万亿人民币,同比增长22%。

2019年4月1日,彭博宣布人民币计价的356只中国国债和政策性银行债券正式纳入彭博巴克莱全球综合指数,总市值占比达到6.06%,并将在20个月内以每月递增5%的比例分步完成。这是中国债券首次纳入国际主流债券指数。2019年9月4日,摩根大通宣布,以人民币计价的高流动性中国政府债券将被纳入摩根大通旗舰全球新兴经济体政府债券指数系列,纳入工作将在10个月内分步完成。完全纳入后,中国国债所占权重将达10%的权重上限。2020年2月28日起,中国国债正式纳入摩根大通全球新兴经济体政府债券指数。

(二)金融资产

(1)中国拥有全球第一的外汇储备规模

中国的对外资产在21世纪初不到1万亿美元,此后迅速增长。根据国家外汇管理局发布的消息,2019年9月末,我国对外资产为74 681亿美元(位列全球第五),对外负债为53 119亿美元,对外净资产为21 562亿美元。在对外资产中，对外直接投资资产为 19 695 亿美元，对外证券投资资产为 5 849 亿美元，金融衍生工具资产为 74 亿美元，对外其他投资资产为 17 019 亿美元，储备资产为 32 045 亿美元（位列全球第一）。在对外负债中，直接投资负债为 27 773 亿美元，证券投资负债为 12 208 亿美元，金融衍生工具负债为 114 亿美元，其他投资负债为 13 025 亿美元。

中国对外资产的结构发生了很大变化。2008 年末，中国对外资产为 29 203 亿美元，其中对外直接投资、证券投资、其他投资和储备资产分别占 6%、9%、18% 和 67%。2019 年 9 月末，中国对外资产中，对外直接投资、证券投资、其他投资和储备资产分别占 26%、8%、23% 和 43%，对外直接投资的比例大幅上升，储备资产的比例大幅下降，中国对外资产的结构更趋合理。

中国对外负债的结构也发生了变化。2008 年末，中国对外金融负债为 14 013 亿美元，其中来华直接投资、证券投资和其他投资分别占 63%、11% 和 26%。2019 年 9 月末，中国对外负债中，来华直接投资、证券投资和其他投资分别占 52%、23% 和 25%。来华直接投资的比例下降，证券投资的比例上升，表明国外来华投资的渠道更加多元化，中国的证券市场比以往更具吸引力。

中国的外汇储备是国家经济实力的体现，对平衡中国的国际收支、稳定汇率发挥着重要的作用。相当一部分的中国外汇储备（约1.1万亿美元）购买了美国国债，占有量一直名列外国持有美国国债的前一、二名，截至2019年8月，中国占外国持有者的比重为16.24%，对于稳定美国国债市场无疑起到了重要作用。

（2）中国拥有世界上资产额最大的银行系统

2018年末，中国金融资产总规模达722.1万亿元，是2007年末的4.54倍，年均增长14.7%；国内主体持有的国内金融资产总额达636.2万亿元，是2007年末的4.79倍，年均增长15.3%。

2017年中国的银行系统已经超越欧元区，成为世界上资产额最大的银行系统，中国工商银行、中国建设银行、中国农业银行、中国银行是全球最大的四家银行。2019年中国银行业总资产约281万亿元（约合40万亿美元），居世界第一。相比之下，美国银行业的总资产约为19万亿美元。

（三）人民币国际化

人民币国际化为国际投资者提供更多的资产配置选择，使国际货币体系更多元化、更稳定。2008年全球金融危机后，人民币的跨境使用逐步扩大，人民币纳入了 SDR 篮子，人民币国际化走上了稳步发展的道路。

（1）人民币纳入 SDR 篮子，国际地位显著提高

按照 IMF 的标准，一国货币是否能够纳入 SDR 篮子货币主要基于两项指标，一是该货币的发行国（或货币联盟）在过去 5 年内货物和服务出口额位居前列（这条标准中国在 2010 年已经达到），二是 IMF 认定该货币"可自由使用"。在 2015 年的评估中，IMF 执董会认为人民币符合所有现有标准，人民币被认定为可自由使用货币。IMF 决定，从 2016 年 10 月 1 日起，人民币正式加入 SDR 货币篮子，占比为 10.92%。

（2）人民币作为全球支付货币，国际排名在第五或第六位

根据 SWIFT（环球银行金融电信协会）的数据，2015 年 10 月全球有 1.92% 的支付以人民币结算。2019 年 11 月，全球有 1.93% 的支付以人民币结算，国际排名第五。这些年人民币在全球支付货币中的国际排名在第五位和第六位起伏。

（3）人民币作为官方外汇储备货币，占比几乎翻番

根据 IMF 公布的数据，截至 2016 年 12 月的"官方外

汇储备货币构成"季度数据,人民币外汇储备资产为845.1亿美元,占比为1.07%。截至2019年第三季度,全球外汇储备11.66万亿美元中,人民币占2 196亿美元,占比为2.01%,几乎是2016年第四季度1.07%的二倍。

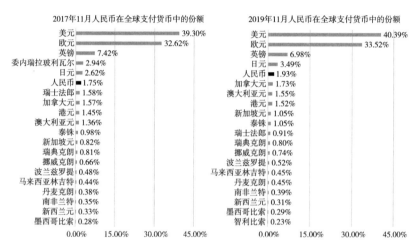

图6-5 人民币在全球支付货币中的份额
（2017年11月和2019年11月）

资料来源：SWIFT。

（4）货币互换协议提供可供备用的流动性

从2009年1月至2019年7月,中国人民银行先后与37个国家或地区签署了86份本币互换协议（包括续签）,目前有效协议28份,有效协议金额总计34 145亿人民币。这实际上为全球金融体系提供了一种备用的流动性,便于缔约方在所需时可以使用。从双边本币互换的实际使用情况来看,多家央行曾主动启用人民币资金。中国人民银行在其部分公告中提到一些内容,例如:中韩两国货币当局签订互换协议以来,韩国央行多次动用人民币资金;自2015年10月以来,中国人民银行与俄罗斯央行相互发起了多笔双边本币互换资金动用,资金最终提供给部分中国和俄罗斯商业银行;蒙古国央行多次发起动用互换协议项下人民币资金,累计动用662.7亿人民币。

(四)国际金融治理

2009年4月2日伦敦G20峰会决定设立一个全球的金融监管体系,将金融稳定论坛成员由G7扩展至包括中国在内的所有G20成员国,并将其更名为金融稳定委员会。中国自2015年12月1日接任G20峰会主席国以来,重启了国际金融架构工作组,对全球金融治理变革的重要议题展开研究。G20杭州峰会核准了《二十国集团领导人杭州峰会公报》《二十国集团迈向更稳定、更有韧性的国际金融架构的议程》等重要文件,系统总结了中国在全球经济金融治理领域的理念和主张,对全球金融治理变革提出了一系列建议,为G20完善全球金融治理提供了中国智慧和中国方案。

中国和其他金砖国家一起致力于改善现有国际货币体系

中不合理、不合法和不具有代表性的结构性缺陷，同时努力探索构建全球金融治理的新范式，成立新的国际金融组织，新开发银行顺势而生。2014年7月金砖国家领导人第六次峰会正式签署协议，发表《福塔莱萨宣言》，宣布成立金砖国家开发银行和设立金砖国家应急储备安排，后者旨在补充和强化由IMF、区域金融安排，中央银行间双边货币互换协议及各国自有的国际储备构成的全球金融安全网。随后，经过一系列的磋商、准备和筹备，金砖国家开发银行于2015年7月开业。金砖国家开发银行落户上海，其所带来的总部经济效应为中国更好地通过金砖机制参与全球金融治理提供了便利。

2015年12月25日，由中国主导、57国共同参与的亚洲基础设施投资银行（以下简称亚投行）正式成立。亚投行是第一家由中国倡议成立的多边开发性金融机构。在亚投行实缴的981.51亿美元资本中，中国认缴额为297.80亿美元，占比30.34%，远高于中国在传统多边开发金融机构中的份额占比，充分体现了中国经济的影响力。这种新型的、具有广泛影响力的、多国参与的金融机构，是以增量改革的形式间接推动存量改革，通过二者的相互结合，进一步提高中国参与全球金融治理的有效性。虽然亚投行是由中国主导设立的多边开发银行，但亚投行不是"中国的亚投行"，亚投行服务于世界，尤其主要向亚洲各国家和地区政府提供资金，支持其基础设施建设。

（五）境外金融活动

（1）直接投资流量、存量占比上升

据商务部、外汇局统计，2019年，我国对外全行业直接投资8 079.5亿人民币（折合1 171.2亿美元）。其中，我国境内投资者共对全球167个国家和地区的6 535家境外企业进行了非金融类直接投资，累计投资7 629.7亿人民币（折合1 106亿美元）。

根据《中国对外直接投资统计公报》，2018年中国对外直接投资（OFDI）1 430.4亿美元，全球排名升至第二位，占全球比重上升至14.1%，创历史新高。2002—2018年，中国对外直接投资流量年均增长速度高达28.2%，对外直接投资流量占全球比重连续三年超过10%。从双向投资来看，2018年中国对外直接投资与吸引外国直接投资基本持平。2018年末，中国对外直接投资存量为19 822.7亿美元，较上年末增加1 732.3亿美元，是2002年年末存量的66.3倍，在全球中的占比由2002年的0.4%提升至6.4%，排名由第25位攀升至第三位。

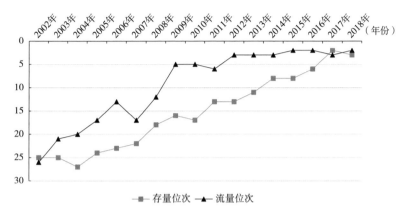

图6-6　2002—2018年中国对外直接投资全球位次

资料来源：中国商务部。

（2）支付系统覆盖广泛地区

中国银联是中国银行业唯一的发卡组织。根据其子公司银联国际的统计数据，截至2019年5月，银联卡全球受理网络已覆盖174个国家和地区，覆盖境外超过2 600万商户、170万台ATM机，全球累计发行银行卡超过75.9亿张，超过VISA、万事达等国际卡组织。首先，在受理国家和地区的覆盖率上，香港特别行政区、澳门特别行政区、蒙古国、阿联酋已基本实现全面受理；另外在东北亚地区、美国、澳大利亚80%以上以及欧洲60%以上的商户可以使用银联卡。其次，银联还通过与泰国、老挝、印度尼西亚、菲律宾、缅甸等国合作，深度参与这些国家的金融基础硬件设施建设，建立统一的行业标准。中国的移动支付（支付宝、微信支付）在东南亚、南亚、中东以及中国游客较多的欧洲国家发展迅速，成为越来越多人使用的便捷支付方式，给当地的银行业带来改变。截至2018年末，微信跨境支付已经接入49个国家和地区，支持16个币种直接交易，微信支付跨境业务覆盖零售、餐饮、时尚、政务民生等多个领域。截至2019年6月，支付宝全球用户量达到12亿左右，新增的大部分都是国际用户。

（3）与国际资本市场的合作加强

中国与国际资本市场的合作进一步加强。中国先后通过收购巴基斯坦证券交易所40%股权、投资哈萨克斯坦阿斯塔纳交易所25.1%股份、收购孟加拉国达卡证券交易所25%股权加速了中国证券市场"走出去"的进程。哈萨克斯坦作为在"一带一路"倡议中重要的国家，阿斯塔纳交易所是其国有资产证券化的重要平台，该交易所将成为中亚地区的人民币交易中心和丝绸之路经济带上的重要金融平台，为"一带一路"建设项目落地提供融资服务。

上海证券交易所、德意志交易所集团和中国金融期货交易所在德国法兰克福共同设立了合资交易所——中欧国际交易所，这是中国资本市场的境外延伸。该交易所率先推出欧洲首支人民币计价股票ETF产品。目前，该交易所正积极筹备股票市场沪德通，推动德国蓝筹上市公司到上交所发行中国存托凭证（CDR），并支持中国上市公司尤其是制造业企业到法兰克福证券市场发行全球存托凭证（GDR），以加强中德证券市场之间的互联互通。

（4）海外融资规模迅速扩大

中国有企业的海外融资对全球资本市场产生了积极影响。大多数国有企业以及阿里巴巴、京东、百度、网易等新兴科技公司均先后在纽约、中国香港、伦敦和新加坡等股票市场上市，成为这些股票市场的一个重要组成部分，尤其是对香港股票市场影响更大，中资股市值占香港主板市场总值的比率一度曾超过50%，现在仍占35%以上。自2013年起，中资企业海外发债的规模持续走高，居于新兴经济体首位，非金融企业的债券余额占全部债券余额的比例一直维持在10%左右。2010年之后，中国在国际市场上发行债券的规模也开始迅速扩大。根据BIS的统计数据，1980年底中国在国际债券市场上的未偿余额（发债主体包括政府、金融机构和非金融企业）只有250万美元，占全球比率仅为0.011%。2010年后中国的国际债券未偿余额从200亿美元的量级快速上升到2018年的2 000亿美元量级，1980—2018年的复合年增长率高达35%。

（5）推进"一带一路"倡议

2019年底，有11家中资银行在29个"一带一路"沿线国家和地区设立80家一级机构。中国对外投资对低收入国家经济拉动作用明显。在"一带一路"倡议提出后，中国对非洲及亚洲"一带一路"沿线国家和地区的投资快速增加，在这些投资项目中，投资的周期较长，资本短期内不会撤出，这使得经济增长具有持续性和稳定性，这对非洲及亚洲低收入国家非常重要，对其经济增长具有极大的促进作用。

第七章

金融科技对金融生态和功能的影响前所未见

过去十年，与金融相关的各类新科技层出不穷，其对金融业的推进作用，以及对金融生态和功能的影响前所未见。这是本章要阐述的有关全球金融格局的第七个变化。以互联网、大数据、5G、人工智能和区块链为主要内容的新科技，与金融的关系如此紧密以至出现了一个新的组合词——金融科技来描述这个现象。

互联网与金融的结合不仅仅体现在互联网为金融机构提供技术支持，帮助银行"把业务搬到网上"，更重要的是形成了手机支付、P2P网络借贷等全新的互联网金融业态。互联网金融提高了效率的同时，也成了跨地域大规模欺诈的乐土，给金融监管带来新的挑战。

大数据分析可以建立用户画像及进一步构建知识图谱，前者描述实体或概念的性质，是对主体信息的标签化，后者则表示不同实体和/或概念之间的关系。众多应用大数据分析而产生了巨大价值的领域和具体场景，大部分都是以知识图谱作为中间环节而实现的。其中，整个产业被分为基础设施、分析、应用三个主要部分。一些大公司则同时提供数据存储及分析基础设施和分析服务，还有很多开源框架或解决方案提供商，以及更底层的掌握数据源并提供应用程序接口的公司，还有孵化器和学校作为支持机构。尽管大数据被视为新的黄金，但也对隐私保护和数据确权提出了更高的要求。

人工智能在金融业的运用覆盖了服务、营销、智能网点、投资、风控、反欺诈等多个维度。例如，在投资领域的应用被称为智能投顾，具体来讲，是指人工智能依托大数据的计算系统，通过现代投资组合理论等投资分析方法和机器学习，自动计算、提供组合配置建议并可能大规模替代交易员。

区块链内置代币支付和结算系统，让金融与业务融为一体，更是对金融的重大革新。代币进入交易所交易既增加了金融资产的流动性，也带来了诸多风险和监管问题。类似比特币、以太坊智能合约和 Libra 这类系统还可能对传统金融产生一定的冲击并带来一定的机会。

上述形形色色的金融科技对金融业的影响可以分为金融科技改善或影响了现有的金融业态、金融科技创造了全新的金融业务和金融科技对金融监管的冲击及对策三个层面进行考察。

一、改善或影响了现有的金融业态

第一个层面是在不改变现有的金融业态或经营模式的情况下，金融科技改善或影响了各个具体领域的现状。

（一）金融科技大大提高了金融机构的经营效率

互联网的出现使得金融机构的前台服务和后台管理都大大提高了效率，减少了成本。客户可以在网上直接进行银行转账、借贷、购买理财产品，也可以购买保险产品、进行理赔，还以进行证券交易。此外，越来越多的金融机构开始在网点使用智能终端或智能机器人。这些科技应用都大大减少了金融机构对人工和实体网点的需求。智能投顾和程序化交易大大减少了证券业、资管业的人力需求。智能投顾是指金融机构根据投资者的风险承受水平、收益目标以及投资偏好等个人特点，运用一系列智能算法及投资组合等理论模型，为用户提供投资参考，并根据市场情况动态进行调整。大数据则会帮助银行和资产管理公司了解客户的资金往来，从而可以主动、精确地为客户选择合适的产品、提高营业收入。可以预见，随着互联网用户群的增加，线上金融将更大规模地替代线下。而新冠肺炎疫情的爆发，则更像是互联网金融发展的一个催化剂。

金融科技的发展使程序化交易兴起,一方面提高了交易效率,增加了市场流动性,甚至机器逐渐在替代交易员;另一方面高频交易和算法也可能造成潜在的风险,例如,可能增加系统性风险、造成市场不正常的波动、潜在的不公平等(陈昊、鲁政委,2020)。

(二)金融科技大大提升了金融机构的风险管理水平

风险管理是金融机构非常重要的领域,它要为公司的安全、可信度和战略决策负责。风险可以来自很多方面,比如竞争对手、投资者、监管机构或公司的客户都可能产生风险。此外,风险的重要性和可能带来的潜在损失也不完全正向相关。过去几年来,进行风险管理的方式发生了重大变化,甚至直接改变了金融公司的性质。公司从未像今天这样通过机器学习模型来承载业务发展。互联网、人工智能可以帮助金融机构及时采集各部门、各网点的金融数据,并对资金的流入及流出进行动态监管和分析,从而可以有效避免流动性风险。大数据可以帮助银行全面了解客户的信用状况,从而减少债务违约,降低坏账率。同时,微表情识别技术可以通过分析面部表情的变化来洞察客户的情绪变化,识别信贷欺诈风险。另外，区块链技术有可能极大地改善现有大型机构繁复的内部控制系统。

（三）金融科技使客户获得更便捷的高质量服务

金融科技提高了金融机构的经营效率，同时为客户提供了更便捷的高质量服务，这常常是一体两面。客户利用人脸识别技术在金融机构开户，不仅节约了自己的时间，也同时让金融机构符合了监管部门的合规要求。企业逐渐认识到，在当今市场中取得竞争优势的关键要素之一便是同客户建立高质量和个性化的关系，以此来提高客户黏性。这种方式可以通过分析线上用户的体验，并根据用户的兴趣和偏好不断完善其信息。人工智能技术在理解人类语言和情感方面也取得了重大进展，从而将客户个性化提升到一个全新的高度。数据工程师还可以建立模型，研究消费者的行为并发现客户在哪些方面需要财务咨询。类似地理位置等信息还可以为客户提供更贴身的跟踪服务。总之，通过整合线上数据、预测分析技术和电子调查问卷可以完成个性化服务这一复杂工作，基于用户的消费习惯、社交趋势、位置信息和其他偏好等信息，可以向用户在恰当的时机提供及时的、更好的金融解决方案和个性化建议。

（四）对人力资源的数量和结构提出了新要求

互联网、人工智能等金融科技减少了对员工的需求，尤其是减少了对从事重复性工作的员工的需求，同时对员工的素质提出了新的要求，要求他们有很高的学习能力，能很快地学习新的知识、新的技能，要求他们具备一定的创造能力，能在所从事的领域中发现问题、解决问题。除此之外对员工的结构也提出了新的要求，要求增加IT、人工智能技术人员和专家的比例。

正是由于新科技对于现有金融业务的影响，不仅传统银行面临数字化革命（The Economist, 2019），新兴银行以及大型科技公司在金融业也正在崛起（Stulz, 2019）。实际上，金融科技不仅对银行现有业务产生了革命性的影响，可能对其他金融领域也是如此。例如，余额宝的出现，对于资产管理行业产生重大的冲击。而券商通过人脸识别进行在线开户，让券商招揽客户变得更加容易，不过，这也加大了券商的竞争从而对券商最大收入来源——佣金收入——产生了冲击。

二、创造了全新的金融业务

金融科技对金融业的第二个层面的影响是创造了全新的

业务，甚至全新的金融业态。

（一）P2P

通过互联网绕过传统上的金融中介，建立了开放式的借贷平台或众筹平台。P2P借贷直接撮合了融资方和出资方，减少了信息不对称，增加了投融资渠道，为小微企业的融资提供了便利。P2P众筹则直接联系中小创业企业与广大用户或个人投资者，使创业项目能够获得前所未有的新的融资渠道。

中国的P2P贷款主要兴起于2007年，到2010年已经形成了陆金所、有利网、人人贷等代表企业，而在相当长的时间内对应的监管则处于真空状态，此后各类P2P网贷平台继续纷纷崛起，野蛮生长。根据"网贷之家"月报显示，2016年8月底，正常运营的平台数量已达2 235家，P2P网贷行业历史累计成交量已经达到25 815.09亿元，成为除了银行贷款外重要的贷款来源。当然，P2P一对多融资的性质也会带来新风险。随着2018年P2P爆雷事件频发，中国的监管部门已经开始采取各种措施，未来P2P的发展可能逐步进入成熟期。

（二）移动支付

智能手机的出现使得随时随地的小额支付成为可能，个人消费、购物和转账提供了极大的便利。随着人工智能的不断发展，各种人体识别技术的逐步完善，甚至不用手机，单凭身体的某部分或声音就可以进行支付。这已经给信用卡业务带来巨大冲击，信用卡业务的萎缩将成为现实。支持或运营移动支付的社交媒体、电商平台或第三方支付平台相对于传统金融机构还有一个重要的优势，即它们具有更强大的大数据收集、分析和应用的能力。传统金融机构的大数据只能建立在自身客户信息的基础上，而移动支付的提供者所拥有的大数据则是跨行业、跨地域全方位的覆盖。因此，在移动支付基础上发展带来的金融业务，类似余额宝，将成为一种新的金融生态。

（三）新型跨境支付

传统的跨境支付必须通过 SWIFT，即跨境支付报文系统，既费时又费钱，现在已经出现了新型的跨境支付，即绕开 SWIFT，运用区块链技术直接进行点对点的跨境支付。这些点可以是银行，也可以是电商，甚至可以是任何实体。从政策的观点看，这种新型的跨境支付方式将更利于监控、管理跨境资本流动，以及反洗钱和反走私。

（四）区块链可能带来的金融业态的革命性变革

区块链可能让金融从银行到融资再到交易都发生重大变革。一方面区块链让银行支付系统因为通过去中介的方式完成而减少了重要性，另一方面各种资产代币化后需要大量的托管服务可能成为银行的新业务。区块链也使传统的债权、股权融资被新型的使用权代币和证券代币所替换，并让代币交易所可能替换原有的债券、股权交易所。智能合约对于现有金融衍生品也可能构成不容忽视的替代。

区块链对金融产生如下几方面的影响。

（1）中央银行的流动性创造功能受到挑战

以法币为媒体的交易会逐渐减少，代币流通量会不断增加。这主要是因为区块链使社会进入"人人可发币"的时代，甚至任何资产可以"上链"——用代币表示的时代，这使以代币为基础的资产证券化和以代币为基础的"以物易物"成为可能。

（2）对现有的银行、交易所、清算所和跨境支付机构带来挑战

类似Libra这样的货币，可能使开户和支付及借贷变得更加容易，从而对现有银行业带来挑战。现在的24小时交易所代币交易所更加灵活，可能对现有交易所带来挑战。而区块链特有的跨境及不需清算的特点，则可能对现有的清算所和跨境支付机构带来挑战。

（3）资产类别发生改变

原来的资产主要是指商品、法币和证券，而未来的资产类别将出现代币（token）和"燃料"（gas），前者是区块链上用以代表各类原有资产的代币，后者是驱动智能合约运转的代币。

（4）金融机构增加了绑定服务业务

除了原生态的代币外，大部分链下资产要映射到链上是需要中心化组织的绑定服务。很多ICO（Initial Coin Offering，首次币发行，是区块链项目首次发行代币）只是在以太坊上发行的代币，是一种以太坊的记账符号，为什么具有价值呢？这其实离不开中心化机构的绑定服务。这些链上的代币要与其链下价值相互绑定，需要中心化机构来做。

链下资产与链上资产将一一对应，链上实现无限切分、点对点转移和可编程，但链下资产可能只是托管在某个机构手里，由其他机构提供运营、审计、会计、法务、验证等各种服务。链下资产可能包括不动产、数据、金融资产等。

（5）金融业原有业务将主要由智能合约完成

由于资产上链，原来的业务可以通过智能合约完成，这不仅提高了效率，而且使金融行业发生极大的变革。特别是对于保险行业，很多时间和事件触发的智能合约能够极大的提高现有保险系统的效率。

（五）数字货币

（1）比特币等虚拟货币正在支付领域扮演越来越重要的角色

基于区块链技术的比特币从2009年1月上线，到现在已经超过十年，其运行稳定，在支付领域的运用不断扩大，并且引起一大批项目复制其成功经验，显示出其创新性和生命力。

自比特币出现后，在非主权货币、跨国、匿名支付领域，数字货币正扮演越来越重要的角色，就其规模而言，已经达到数千亿美元。虚拟货币的出现使支付领域的博弈主体和复杂性也随之增加。公有链的代币可以充当全球支付的功能，法币也可能推出电子货币，高盛这样的传统金融公司也在探索区块链货币在其生态中的应用，而以脸书为代表的硅谷正想通过区块链支付在金融支付领域攻城略地。传统的清算系统，包括SWIFT（环球同业银行金融电讯协会）正在受类似瑞波这样的区块链系统的挑战。

在2020年3月中旬，比特币、以太坊等虚拟货币在不到一周的时间价格近乎腰斩，这引起人们对虚拟货币在恐慌时是不是避险资产，以及比特币会不会归零的讨论。

这一事件说明，经过约十年的发展，虽然虚拟货币在社会中的使用仍然有限，但是分布式系统对中心化系统来说是一个重要的补充。虚拟货币拥有特定的适用条件，虽然对某些中心化的补充或替代也是一个渐进的过程，但它们在非主权、跨国支付领域仍将扮演越来越重要的角色。

（2）稳定币：Libra和USDT

稳定币是指锚定一定价值稳定的资产的区块链代币，实际上是把这样的价值稳定的资产与区块链的代币做了法律绑定和映射，让拥有代币的人在法律上也拥有了其所映射的资产。

广义上讲，只要代币所代表的资产价值比较稳定都可以将这一代币称为稳定币，比如代币指代法币、黄金或价值稳定的资产组合。不过，从实践上看，目前的稳定币主要包含两类，一种是类似 Libra 这样的资产组合映射出的代币，另一种是类似 USDT（Tether 公司发行的，将美元与比特币网络或以太坊网络上标记的代币相关系的代币版本的美元）这样将法币直接映射出的代币。

由于 Libra 还停留在开发阶段，而 USDT 已经发行了数十亿美元并运行了数年，它昭示了法币的另一种存在形态——民间发行的、以 100% 法币储备支持的分布式数字法币。

全球稳定币的特点是方便全球转账、带有一定的匿名性，虽然其安全性令人担忧，但更加有信誉的机构的加入可能缓解这一问题。因此可以预计，未来还可能出现各种全球稳定币，其发行规模和影响范围都可能逐步扩大。

全球稳定币的推出会面临各国监管部门的阻力。Libra 的新版白皮书（白皮书 2.0）已经对 Libra 做了一些修改，使 Libra 更加容易监管，同时 Libra 不仅包含锚定资产组合的代币，还将推出重要的国家的法币的代币，并且 Libra 不追求成为公有链。尽管如此，Libra 获得美国国会通过的可能性仍然不大，大概率需要做进一步的修改。

如果Libra最终能够成功，其影响将是深远的：

①Libra可能起到国际货币的作用，并在一些国家在一定程度上替代法币；

②Libra起到表率作用，可能促进更多的科技公司联合推出类似Libra的代币；

③大的金融机构可能参与发行信誉更好、监管更加严格的稳定币，进一步占有稳定币市场；

④稳定币的出现对宏观金融政策带来挑战（陈雨露，2020）。

（3）中央银行数字货币（CBDC）：类似中国DCEP的系统（CBDC的正面意义）

Libra的出现可能使开户和转账变得非常容易，并可能替代美元等国际货币发挥作用，同时使大量无银行账户的人可以接触到现代金融，从而对现在的美国或各国法币形成一定的替代作用，甚至形成挑战。

因此，各法币推出类似Libra的系统就显得有必要。新版的数字化的法币将更加容易开户和转账，并替代现金法币的作用。目前有超过20亿人没有银行账户，也因此被排除在现代金融服务之外，然而数字法币开账户的便利性，可能使他们接入到现代金融服务体系中。从这个意义上讲，数字法币对于促进普惠金融的发展是意义重大的。

国际清算银行在 2018 年进行了一个问卷调查，发现有 63 家央行或多或少地正在考虑研究或者发行央行的数字货币。目前，中国央行走在前列，中国 DCEP 已经在深圳、苏州、雄安新区和成都进行封闭测试，但这并不意味着数字人民币正式落地发行。美联储也已经改变了之前的保守态度，Libra 的提出及人民币数字化的快速推进，可能促使美国加快 CBDC 的研究和立法。对于小国而言，参考并跟随大国实践可能是它们的主要策略。

需要说明的是，数字法币不一定是区块链代币，因为它不是分布式系统，也不是银行转账系统，并且它可以不依赖于银行而存在并有望替代现金。目前中国版本的 DCEP 可能并不是区块链架构的（华泰证券报告，2020）。

CBDC 初期使用应该有不少限制，比如 KYC、AML、使用量的限制等，但未来普及开来时，使 M0 可能对 M1 甚至 M2 产生替代作用，其影响是深刻的。央行的作用机制和作用范围都可能扩大，而商业银行面临一定的冲击或角色转变。

不可忽视的是，中央银行数字货币可能对商业银行存款业务造成一定的冲击（张涛，2020）。对于中国而言，这是由于中央数字货币作为 M0，可不经过商业银行进行清算，并且可以直接存放在拥有者的数字钱包，相对于直接持有纸币而言，这要方便许多。现金有方便使用和匿名交易的特点，在存款利率较低的情况下，用户可能因为这些特点而减少银行存款。而银行要吸引存款就需要提高存款利率，这又对商业银行盈利造成一定压力。

值得一提的是，中国有 DCEP 已经开始在苏州等城市展开线下测试，这必将带来一系列的影响：

①围绕 DCEP 这一基础设施形成新的配套产业，比如帮助各种在线应用嵌入 DCEP 的服务；

②促使现有的移动支付和传统金融机构与 DCEP 接轨并对原有业务做一定的调整以应对新的支付方式的出现带来的影响；

③推动其他央行尽快在这一领域有所动作；

④推动类似 Libra 这样的支付工具尽快调整和落地；

⑤央行货币政策形式将有所改变（周君芝，2020）。

三、对金融监管的冲击及对策

金融科技对金融业的第三个层面的影响是增加了新的风险、增加了监管难度，也带来了新的金融监管科技。

首先，金融科技增加了新的金融风险。P2P 贷款由于资金没有用第三方托管，极可能造成平台跑路；各种交易所造成商品的金融化,并形成交易的操纵;资产代币化的过程更可能形成各种骗局。

其次,金融科技增加了监管难度。新型科技的出现,让监管方难以判断风险的来源,往往在造成较大社会影响后才后知后觉。金融科技让金融产品的业态变得模糊,现在分业监管的体系受到挑战,功能监管则需要提上日程。

最后,金融科技带来了新的监管科技。大数据、人工智能、区块链等也给监管方提供了新的监管手段,可以用程序完成很多事前、事中、事后的判断或监管。

那么,金融监管如何应对上述冲击?在此,我们提出以下建议。

(一)对互联网金融监管的建议

金融监管部门作为地方金融事务的管理部门,主要还是应该以信息为先导,因此这里提出以信息服务为核心,并建立预警系统。当然,信息的收集是有目标和边界的,其目标是风险防范,所以信息收集是以风险为导向的,并以发挥金融功能的产品或机构为边界,其他信息则不是收集的对象。当然,考虑到金融科技使金融服务越来越复杂,相关的金融功能不易事前了解,信息富余一些并不是坏事,但原则上应把资源主要用于与金融功能相关的信息。

地方性的科技金融企业将呈现爆发式的增长，生物识别、物联网、人工智能、区块链等技术都将广泛应用于金融，对金融行业产生深远的影响。地方金融服务部门对这些情况能够更好地把握，尤其是在一线城市，可通过与地方税务部门、工商登记部门、司法和执法部门，以及企业和消费者的广泛沟通，掌握最新的动态信息。

（二）大数据与金融监管

虽然大数据带来精准的金融服务，但也带来科技公司垄断和隐私保护问题。类似阿里、腾讯、Facebook（脸书）等大型互联网公司，可以通过其互联网平台产生大量高价值的用户数据，并利用这些大数据进行客户画像，精准提供金融产品和评估信用风险，极大提高了金融服务的效率和效果。数据成为新时代的黄金，这不仅是对于一般服务业而言，对于视信息为生命的金融业更是如此。如何从信息中获取生产力，已成为金融竞争的关键。

而传统金融机构由于缺乏持续更新的大数据，将处于不利地位。但这些大型互联网公司在数据上的垄断地位，也可能造成金融服务上的垄断地位，带来一定的垄断问题。要使大数据真正发挥作用,就需要数据的交易和共享更加容易。这不仅对于一国之内是如此,在金融全球化的今天,对于各国之间数据交易和共享的需求也很迫切。不过,大数据的交易和跨国共享需要各国更多的合作,当务之急是要建立相关的规则。由于数据的主权问题及国家安全问题,制定全球数据共享的规则可能是一个缓慢的过程,由此对于全球数据在全球金融监管和协调方面的发挥作用可能是缓慢的过程。

为了促进数据的共享和交易,数据市场政府干预是必要的。这是由数据市场的特点决定的。数据市场并非公平高效的市场,而是充满着市场失败,比如产权不清、垄断问题严重、难以界定隐私保护的度、隐私保护与数据价值有冲突(很多数据脱敏后就失去了价值,比如最关键的客户画像数据)、数据容易被拷贝而使使用权与所有权边界模糊、数据垄断等。对于市场难以自动出清或自由交易效率低下的市场,政府的介入是值得考虑的。成立类似股票交易所的国有数据交易所和国有数据采集和收购公司,可能是一个好的选择。李小加(2020)的讲话也提出共享政府数据和建立交易规则。国有数据交易所首先要做的是共享政府数据,然后通过注册制的方式让数据上市,数据脱敏、交易和跟踪由软件系统自动完成和监督。

同时，由于数据庞大和过于集中，所以隐私保护问题不可小觑，而大机构的数据泄露往往规模巨大、影响甚广，可谓触目惊心，这使该问题越来越受立法机构关注。2016年4月14日，欧洲议会通过了商讨四年的《一般数据保护条例》（General Data Protection Regulation），该条例在2018年生效，这意味着欧盟对个人信息保护及其监管达到了前所未有的高度，堪称史上最严格的数据保护条例。此次改革以保护公民的基本权利为理念，在提高个人数据保护标准的同时，也会增加企业的合规成本。对于大数据的监管而言，数据泄露造成的隐私保护问题、数据使用造成的数据确权问题，一定程度上对正常的金融秩序构成了伤害，应该予以重视。

另外，大数据和人工智能技术也会更多被应用于监管科技。大数据和人工智能的结合将在监管风险识别、预警方面大有作为。随着金融科技不断发展，只有不断提高监管的科技能力才能应对复杂的局面。

（三）对区块链监管的建议

比特币起源于美国，一开始只是小范围使用并没有引起政府重视，但之后美国联邦调查局发现丝绸之路网站使用比特币进行毒品交易，因而监管得到重视。2013年美国金融犯罪合作调查局签署文件要求虚拟货币运营商需要和通常的货币运营商一样进行注册和汇报交易记录等。纽约使用数字货币的牌照进行监管，税务部门把比特币定性为一种资产，对其利得加以课税。2013年中国人民银行等五部委发布《关于防范比特币风险的通知》，认为比特币不是由货币当局发行，不具有法偿性和强制性等货币属性，并不是真正意义上的货币，并且提示公众应该注意虚假商品和虚假货币的投资风险、金融机构应防范洗钱风险。

目前，ICO是区块链项目非常重要的融资手段，由于其成本低、程序简单、融资金额高等属性，带来了一波几近疯狂的ICO热潮和炒币热潮，最疯狂的时候随随便便的一个项目拿着一份白皮书就可以轻松融到上亿金额。随着各种虚拟货币行情的大幅震荡和部分ICO项目的破发，各种监管力度的呼声此起彼伏。虽然中国关于ICO和数字货币的政策法规几近空白，但为了更好地保障投资者的利益、规范金融市场秩序，监管是必然的。对ICO这种新型融资手段要采取审慎性宽容，监管者可以通过颁发有限的执照、授权或登记备案等手段确保ICO项目方和众筹平台、交易平台的资质，从而保障投资人的利益，除此之外在法律许可的范围内允许这些获得相应资质的企业、平台在一定的空间里试错。

另外，层出不穷的 ICO 的变种，类似 IEO（交易所初始发行）、STO（证券化代币发行）、IMO（矿机销售融资）等应该引起监管方的注意，并进行区别对待。STO 是证券的发行，应该受证券相关法律的监管。

下 篇
动因、含义和趋势

第八章

全球金融大变局的动因

本书前面部分探讨了全球金融大变局的表现，这一部分将思考这种变化背后的原因。弄清全球金融大变局的动因，有助于预判未来的发展趋势，也有助于提供恰当的对策建议。

我们认为，全球金融大变局的动因有三个。其中直接原因是全球金融危机的爆发和蔓延。2008年爆发的全球金融危机虽然已过去十余年，但其深刻改变了各国的金融形态和国际金融格局，影响也一直余波未尽。根本动因是经济全球化使得国际资本力量对比发生变化，以及使国家间金融活动的相互影响和效应更加复杂。此外，科技的迅速发展也是全球金融变局的关键变量，导致了金融业态改变，给金融监管带来新的挑战。

一、直接原因：全球金融危机

2008年9月爆发的金融海啸及其快速蔓延被公认为是

自 1929 年后"大萧条"以来最为严重的一次危机。2008 年全球金融危机由 2007 年开始的美国次级抵押贷款危机引发,并在金融系统中蔓延。尽管危机前次级抵押贷款占美国所有未偿还抵押贷款的比例不到 1/7,并且引发危机的违约和拖欠贷款行为占所有抵押贷款的比例不到 1/12,[①] 但金融市场的过度衍生化和信息不透明使这些"有毒"资产几乎渗透到金融系统中的每个角落。再加上过度冒险的金融机构和宽松的、滞后的、不协调的金融监管,危机终于从"灌木丛火灾"升级为"森林大火"。

这场始发于美国的金融海啸迅速深化升级为全球性的金融危机。各国以央行和财政部为主的政府部门为解决金融危机所造成的金融动荡、经济衰退等问题,纷纷推出各种救助措施。最初的一些措施仅仅是为了"灭火",防止危机的蔓延和深化,使金融市场恢复运转和发挥正常作用。市场恢复正常后开始进行监管改革,以防范下一场危机。其中采取的紧急措施和进行的监管改革也产生了一些连带作用,包括跨境资本流动的变化、货币政策溢出效应的复杂化、央行作用的强化、全球债务杠杆率普遍上升等。

我们认为,2008 年全球金融危机导致的全球金融格局变

---

① [美]本·伯南克,[美]蒂莫西·盖特纳,[美]亨利·保尔森. 灭火:美国金融危机及其教训[M]. 冯毅,译. 北京:中信出版集团,2019:13.

化的机制可从以下三个角度来解释,即防止危机深化的迫切需要、防范危机再度爆发的改革措施和危机救助政策及改革措施的连带作用。

(一)防止危机深化的迫切需要

2008年雷曼兄弟公司倒闭后,全球市场迅速陷入恐慌状态,资产价格暴跌,流动性枯竭。面对金融体系随时可能崩溃的紧迫形势,美联储、财政部及其他部门采取一系列超常规紧急干预手段,对重要企业进行不断升级的常规和非常规政府救助,以及对重要信贷市场提供政府支持。

金融危机爆发后一些大型金融机构面临破产威胁,他们的共同问题是资本金不足、杠杆率过高、过于依赖短期融资、持有非流动性的高风险资产过多等。市场恐慌使得这些问题的严重性加剧,多数情况下是流动性问题压垮了这些机构,而非清偿能力问题。美联储、财政部、联邦存款保险公司等监管机构和部门迅速采取行动,以担保或注资的方式对面临流动性困境的机构进行救助,防止金融恐慌的升级。在救助贝尔斯登、房利美和房地美、花旗银行、美国国际集团等机构时,这种由监管机构担保部分风险损失和(或)由政府直接注资的办法,被普遍采用。

金融危机爆发和蔓延后，各国央行的常规货币政策空间迅速用尽，利率降至历史最低位，甚至是零附近。但央行也迅速采取非常规货币政策，推出大规模量化宽松（QE）措施。至2009年上半年，美、欧、英等发达经济体的基准利率就已经处于历史最低位置，其中美国最低为 0~0.25%。在名义利率水平已经无法降低情况下，传统货币政策工具已无法进一步发挥作用，各国央行转而开始采用"量化宽松"的非常规方式向金融体系注入大量流动性。这一改变使得央行已经变成市场交易的直接参与者，并成为市场上"一家独大"的交易者，其一举一动对市场的影响很大，也使得央行越来越难以抽身而退。

美联储、欧洲央行、英格兰银行等均推出类似购债"放水"的措施，而日本央行推出了"量化和质化宽松"（QQE）措施，向市场注入资金。各央行的购债标的也从国债转向机构债、ABS、MBS、货币市场基金、ETFs等风险资产，甚至直接向金融机构放贷。央行的操作目的是重启近乎停滞的金融市场，防止流动性危机。这些操作显然前所未有地增大了央行的作用。

2008年9月初，美国财政部向"两房"注资共2 000亿美元。到中下旬，财政部最初打算是购买已经失去流动性的"有毒"资产。9月底10月初，美国国会最初拒绝，之后不久又批准了总额达 7000 亿美元的《问题资产救助法案》。这时财政部又转而采取向资本金不足的大型金融机构注资的方式来拯救市场，增加市场信心，防止恐慌蔓延。10 月中旬，包括花旗银行在内的九家美国大型银行接受了政府注资，合计 1 250 亿美元。11 月底，美国财政部又不得不向陷入巨额亏损麻烦的花旗银行再次注资 200 亿美元。12 月，美国银行也再次获得 200 亿美元注资。此外，财政部、联邦存款保险公司等还为货币市场基金、商业银行债务以及问题资产提供担保，例如，对花旗银行和美国银行的"有毒"资产建立"围栏"，政府承担一定比例的风险损失。到 2009 年 1 月，在小布什总统任期结束前一周，问题资产救助计划中第一笔资金 3 500 亿美元几乎已经耗尽了。奥巴马政府上台后，以大量的财政刺激手段来实现经济增长，包括 3 000 亿美元的临时性减税计划和 5 000 亿美元的新联邦支出。2008—2012 年，联邦财政扩张规模（包括自动反周期稳定器以及可自由支配的刺激措施）相当于每年 GDP 的 3.4%[1]。

在美联储和财政部的强力干预下，美国金融市场的冻结到 2009 年第二季度末基本结束，美国经济在第四季度开始同比正增长。如果从 2007 年第二季度次贷危机的爆发算起，

---

[1] ［美］本·伯南克，［美］蒂莫西·盖特纳，［美］亨利·保尔森.灭火：美国金融危机及其教训［M］.冯毅，译.北京：中信出版集团，2019：120.

此次被认为是仅次于"大萧条"的金融危机，只持续了两年多时间其负面影响便基本结束，金融市场和实体经济恢复的速度惊人，其中美联储和美国财政部有别于"大萧条"时期的迅速、非常规做法起了很大作用。

2020年初爆发的新冠肺炎疫情在全球开始蔓延。有别于2008年全球金融危机，全球金融危机主要由金融机构问题导致，此次疫情冲击首要影响实体经济活动。美联储迅速采取行动，包括将基准利率降至零，以及宣布进行无限量资产购买等行动，美国国会也迅速通过2万亿美元的财政刺激法案。有评论认为，2008年全球金融危机中美联储和美国财政部的行动为应对此次疫情冲击提供了可以借鉴的先例。

（二）防范危机再度爆发的改革措施

金融市场逐步恢复正常之后，监管部门开始系统思考危机爆发原因，进行监管改革，金融监管理念和监管方式发生了变化，以防止下一场危机的到来。

因此，为了改变这种状态，全球金融危机后各国政府开始反思监管理念，改变监管模式，构建宏观审慎监管框架，加强金融监管力度，并改善金融监管的国际协调机制。

第八章　全球金融大变局的动因

（1）监管理念的改变

全球金融危机前，多数发达经济体的金融监管理念认为，市场能够自己解决问题，监管不能对其过多干预，认为"最少的监管就是最好的监管"。这种理念的推崇者以美联储前主席格林斯潘为代表。2008年全球金融危机的爆发显然表明了这种监管理念是错误的。市场并不总是能够有效解决自己的问题，反而由于信息不透明、主观欺诈、监管套利等行为而自然地将风险进行集中、转移甚至扩大，在某时被一点儿火星引燃后将迅速发展成熊熊大火。因此，加强监管成为各国政府的共识。

尽管现代金融衍生工具的发展使得风险被分配到风险偏好者身上，但这并不意味着风险的消失，它仍然存在于金融系统当中。微观机构可以通过套期保值、支付保险费等方式来规避风险，然而整个系统无法消灭风险。全球金融危机之前的金融监管基本上是着眼于微观机构的风险防范，对整个系统"加总"或"合成"之后的后果甚少考虑。

宏观审慎的监管理念认为，仅凭微观层面的努力难以实现金融体系的整体稳定，监管当局需要从经济活动、金融市场以及金融机构行为之间相互关联的角度，从整体上评估金融体系的风险，并在此基础上完善金融体系的制度设计并做出政策反应。2008年全球金融危机后美国设立了一个政府机构——由财政部部长领导的金融稳定监督委员会——来负责监控整个系统的潜在风险。

（2）监管改革举措与监管协调

各国监管当局针对全球金融危机爆发原因采取的措施，主要是微观领域的监管改革和宏观领域审慎监管要求的推出。采取这些措施的结果是使得各国金融监管当局对金融监管的重视达到了新高度。

全球金融危机后各国的监管机构间进行了整合，一些监管力度宽松的机构被撤销，全球均从多头模式向双峰模式甚至是一元超级综合监管发展，中央银行的监管职责被大大加强，其监管目标中也包括了金融稳定和对金融消费者的保护。综合监管代替了分业监管，机构监管向功能监管过渡，微观审慎监管向宏观审慎监管发展。在具体措施上，针对全球金融危机期间暴露出的问题，资本比率、杠杆率、自营交易等也加强了限制。

全球金融危机的爆发使金融机构的特点显露无遗，比如低资本、高杠杆、高负债（尤其是短期负债）、高风险以及市场过度的衍生化，还有宽松的、不协调的金融监管等。全球金融危机后，美国新的监管规定已经迫使金融机构，特别是规模较大的金融机构，必须持有更多和更高质量的资本，大幅降低杠杆，以更安全的方式为自己融资，每年的压力测试都要确保它们可以为最坏的情况做好准备。衍生品市场再也不像全球金融危机前那样无法无天，消费者保护得到了加强。

在美国，2010年7月参众两院表决通过了《多德－弗兰克法案》。根据该法案，美国金融监管体系将全面重塑，美联储将成为"超级监管者"，全面加强对大型金融机构的监管。该法案要求衍生品交易需在交易所内公开交易，并由第三方进行清算，同时限制金融机构的自营交易以及过度依赖短期融资的行为等。该法案还要求在美联储下新设消费者金融保护局，赋予其超越监管机构的权力，全面保护金融服务消费者权益。《多德－弗兰克法案》还授权美联储拆分它认为对系统稳定构成严重威胁的银行，此外还要求美联储每年对大银行进行压力测试，以确保它们为最糟糕的经济和金融场景做好准备。

在国际银行监管领域，全球金融危机之后迅速修订的《巴塞尔协议Ⅲ》中，在最低监管资本要求之上增加了基于宏观审慎的资本要求，包括逆周期缓冲资本要求、系统重要性额外资本要求等。从结果上看，对国际活跃银行总体的核心一级资本金要求达到原来的三倍。而且与《巴塞尔协议Ⅱ》相比，《巴塞尔协议Ⅲ》还增加了杠杆率和流动性比率的要求，防止商业银行过度持有高风险资产、过度依赖短期负债和高质量流动性资产不足等问题。

全球金融危机后各国金融监管当局还加强了国际监管协调，主要体现在G20框架下新设"金融稳定委员会"，对全球金融风险进行研判、预警，以及为建立一个全球协调一致的监管框架来完善金融监管，提高监管效率。

（三）危机救助政策的连带作用

危机救助政策以及全球金融危机后的监管改革产生了一系列的连带作用，包括央行作用前所未有的加强，发达经济体货币政策的外溢效应显著化和复杂化，以及全球债务杠杆率的普遍上升等。

（1）央行作用的增强

作为以研究"大萧条"而闻名学术界的时任美联储主席伯南克，深知"大萧条"中美联储的"无为而治"做法是加深经济衰退的客观原因之一。2008年全球金融危机爆发后，美联储在将基准利率迅速降至零附近，常规政策空间用尽，然后开始采取非常规的量化宽松措施，至2014年底共进行了四轮。从2008年9月到2014年12月美联储总资产增长了近4倍。总资产的暴涨凸显出美联储对市场干预力度的大大增强。与资产端大肆扩张相对应的是负债端资金的大量投放，央行以此种方式去掉了金融机构等私人部门资产负债表中的风险资产，改善了私人部门状况和外部融资条件，使本已僵化的市场重新运转。具体交易活动包括购买长期国债、压低长期利率，购买MBS债券、机构债券等降低风险溢价等。

中央银行传统的政策目标是物价稳定（币值稳定），政策手段是制定和执行货币政策。2008年全球金融危机的实践显示，物价稳定的政策框架不足以保障金融体系的稳定性。金融危机之后数年，国际社会和主要经济体的共识是货币政策当局需要强化金融稳定职能，让中央银行在金融稳定目标中发挥更大的作用。

英国学者科林·埃利斯（Colin Ellis，2018）总结认为，全球金融危机后央行从"最后贷款人"向"最后交易商"转变。全球金融危机以来，美联储、欧央行"最后贷款人"职能的覆盖范围、政策工具、贷款期限、抵押品等发生了显著变化。覆盖范围由商业银行扩大到其他具有系统重要性的金融机构。央行"最后贷款人"工具也从通过货币政策改变私人部门借款总成本，演变成央行直接向金融机构放贷，贷款期限也有所延长，抵押品的标准范围也大幅度放宽了。

（2）货币政策溢出效应的显著化、复杂化

2008年全球金融危机前，发达经济体的货币政策对新兴经济体就具有外溢效应，这种效应主要是通过对外贸易、利率、资本流动等渠道来发挥作用的，影响对象既包括实体经济产出，也包括金融市场。例如，发达经济体宽松货币政策会使得新兴经济体贸易顺差扩大，资本流入增加，币值上升，资产价格上涨。

在全球金融危机爆发时以及全球金融危机爆发后，上述货币政策溢出效应的渠道和机制变得更加复杂了。2008年7月，金融危机爆发前两个月，名义美元指数达到了七年来的最低点。9月金融危机在美国爆发后，美元指数反而持续上涨，一直涨到2009年3月。2010年6月开始，美国经济明显已经度过危机、增长势头向好，但美元指数又开始下跌（如表8-1所示）。

事后的分析认为，全球金融危机期间市场的风险偏好大大降低，国际资本都纷纷涌入安全资产——美元资产——规避风险，这导致了美元对其他货币的升值。金融危机过后，由于发达经济体利率水平已经降至历史最低，并普遍实行量化宽松政策，而新兴经济体经济增长恢复更快，资本的风险偏好重新增加，国际货币又开始流入新兴经济体，导致新兴经济体货币升值，资产价格上涨。可见，全球金融危机后风险偏好也成为发达经济体货币政策溢出效应的重要影响因素，这在全球金融危机前表现的并不明显。

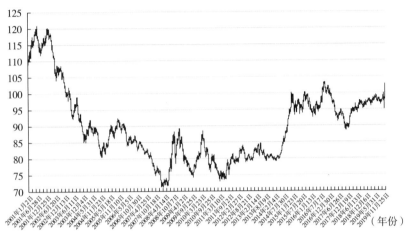

图 8-1 名义美元指数

资料来源：Wind 资讯。

当 2014 年底美联储退出量化宽松政策，并于 2017 年底开始缩表后，新兴经济体的货币又步入了一个贬值的通道。可见，量化宽松政策的实施和退出主导了美元和新兴经济体货币的币值变化，这是全球金融危机后发达经济体货币政策外溢效应显著化和复杂化的重要表现。

发达经济体货币政策的溢出效应在危机后更为显著和复杂的主要载体，是新兴经济体和发达经济体之间跨境资本流动变得更为活跃，进而使金融市场成为发达经济体货币政策国际传导的更有效渠道。

(3)全球债务杠杆率普遍提高

总体来看,2008年全球金融危机后至今全球各国的债务杠杆率均上升了,这一点在发达经济体和新兴经济体的表现不尽相同。

2008年全球金融危机爆发的原因之一,就是发达经济体企业,尤其是金融部门和居民的高杠杆。企业和金融机构的高杠杆源于在市场形势良好时充分利用财务杠杆获取最大化利润的追求,居民的高杠杆则源于过度消费(买房等)的举债行为。而发达经济体政府的杠杆率(国债余额/GDP)尽管在全球金融危机前保持稳定,但各国间差异较大,2007年平均为70%,其中英国、欧元区和美国较低,而日本最高达到144%。

2008年全球金融危机的爆发使发达经济体的企业和居民部门启动了被动去杠杆的过程,2009—2018年,尽管降幅不大,但企业部门和居民部门的杠杆率均保持稳中有降的趋势。我们认为,全球金融危机后发达经济体金融监管的强化和居民过度举债消费行为的弱化分别是企业和居民杠杆率稳中有降的主要原因。相反,发达经济体政府由于实施了减税和财政刺激政策,额外的资金支出需求只能借助于举债,这导致债务杠杆率增长迅速。到2018年发达经济体平均水平为98%,美国正好是发达经济体平均值98%,日本最高达到204%。

新兴经济体政府杠杆率虽有所上升，不过仍然相对较低，但新兴经济体居民和企业杠杆率上升迅速，尤以中国为甚。2009年，为应对全球金融危机对中国经济增长的冲击，政府主导推出以基建投资为主要内容的4万亿元财政刺激计划。这一计划的资金供给主要是银行配套信贷资金，使得非金融部门的杠杆率直接从2008年的98%飙涨到2009年的122%。中国的地方政府GDP崇拜、宽松财政、投资刺激和国有企业主体等因素是非金融部门债务杠杆率大幅上升的主要原因，这一模式的资本产出效率低，导致产能过剩和僵尸企业不能破产出清，债务杠杆率难以下降。到2016年，中国非金融部门债务杠杆率高达160%。政府也意识到高杠杆的风险，开始推动"三去一降一补"，非金融部门杠杆率有所下降，2018年为149%。

如果去除中国因素，其他新兴经济体不管是居民、企业还是政府，其杠杆率都保持稳定略有上涨的趋势。

二、根本动因：经济全球化

根据国际货币基金组织的定义，经济全球化是指"跨国商品与服务贸易及国际资本流动规模和形式增加，以及技术的广泛迅速传播使世界各国经济的相互依赖性增强"[1]。从这个概念可以看出,经济全球化实际上就是在科技革命和信息技术推动下,商品、服务、技术、资本和人员等在国际范围内进行自由流动,体现了世界经济高度融合的有机整体和相互依存的内在特征。

尽管经济全球化是从何时开始仍然有争议,但从20世纪80年代之后其发展迅速加快基本已达成共识。经济全球化使得各国之间的人员、商品、资金等往来更加频繁,国家间的联系更为密切。经济全球化加速过程的主要特征,体现为以资本国际流动为主体的金融全球化。国际贸易增长的背后是国际投资的驱动,这改变了全球金融格局。这种改变体现为国际资本流动规模和结构的变化,也体现为新兴经济体在全球金融体系中地位的上升,还体现为各国金融系统之间的相互作用与影响日益复杂。

(一)经济全球化使得跨境资本流动规模和结构改变

国际资本流动的根本动因是跨国公司主导的经济全球化,其背后则是国际贸易分工格局的改变。2008年全球金融

---

[1] 国际货币基金组织. 世界经济展望 [M]. 北京:中国金融出版社,1997:45.

危机前，国际资本流动的规模一直在持续扩张，增速时快时慢；全球金融危机爆发后，经济全球化的步伐放缓，国际资本流动的规模下降。2016年后，在美国、英国等国开始出现"逆全球化"的论调和行为。最近40年内，由于国家间经济金融实力对比的变化，国际资本流动的结构也一直在改变。

（1）水平分工向垂直分工演化

20世纪80年代之后，随着以信息和通信技术为核心的现代科学技术进步及其在经济、社会各领域的普遍应用，由跨国公司所主导的国际分工逐渐由"产业内"水平分工向"产品内"垂直分工深化，当前已经在全球范围内形成了基于要素比较优势的产业链分工格局。由世界银行、世界贸易组织、经济合作与发展组织等共同发布的《全球价值链发展报告》（2019）中显示，超过2/3的全球贸易是通过全球价值链的垂直分工进行的。

在此背景下，传统上产品的"国家制造"已经转变成"世界制造"。一种产品从最初的创意设计到最终完成消费，从生产组织的角度看，就在各参与国（地区）之间形成一个"全球生产网络"。早期的亚洲"四小龙"正是利用产品内国际分工提供的机遇，与美国、日本等发达经济体以及东盟、中国等新兴经济体进行分工合作。20世纪90年代之后，中国承接了亚洲"四小龙"在汽车、电子、计算机、服装等领域的简单加工组装任务,主要以原始设备制造(OEM)为主,进入 21 世纪以来开始向自主品牌制造(OBM)升级转化。约在 2010 年之后,初级简单加工组装工序又开始向劳动力成本更低的东南亚国家转移。

当前的全球产业链布局特点,是欧美发达经济体主要承担产品的创意、设计、研发任务,以及产成品的市场营销、售后服务等环节,而新兴经济体主要承担原材料和零部件生产、产品组装、物流等环节。国际间水平分工对资本流动的要求较低,而垂直分工更需要资本的跨国流动。跨国公司作为经济全球化的载体,将其产品创意、设计、研发、制造、物流、营销、售后服务等流程按照要素比较优势分布在世界各国,其中新兴经济体具有丰富的劳动力资源,接受的外国直接投资经历了高速发展,这些投资主要集中在制造业。

另外,在经济市场化和金融自由化的趋势下,各国资本账户和金融市场的开放程度也越来越高,证券投资、银行信贷等形式的国际投资也获得快速发展。

(2)国际资本流动格局的变化

1997 年亚洲金融危机爆发前,国际资本流动主要是从发达经济体流向新兴经济体[①]。新兴经济体的资本流入以直接投资为主,而对于资本账户和本国金融市场开放程度较高的国家(如东南亚国家),证券投资和银行信贷资本占比也较高,也吸收了一些投机性质的国际游资。亚洲金融危机的爆发使这些以制造业为主的国家意识到资本账户不平衡和过早开放是导致金融危机和经济风险的重要原因,因此在亚洲金融危机后东亚国家对汇率政策和资本跨境流动进行了有限调整,并开始通过追求经常项目顺差的方式来积累国际储备以自保,维护自身金融安全。

因此,从20世纪90年代末到2008年全球金融危机爆发前,国际资本流动呈现出较为明显的"资本双向流动"格局,即新兴经济体在大量接受来自发达经济体的私人资本流入的同时,通过各种方式(主要以购买美国国债的证券投资方式为主)向发达经济体回流资本,并由此导致美国成为全球最大的资本输入国(宗良、廖淑萍,2010)。美国依靠本国经济金融的超强地位,实际上充当了"全球银行"的角色,在发行国债从全球低成本的吸收外汇储备(储蓄)投资的同时,又通过对外直接投资向全球输出资本获取高收益,

---

① 当然也存在向发达经济体的资本回流,这种回流主要是以"石油美元"为代表的自然资源国对美国等发达经济体的证券投资为主,不过不占主要地位。

一进一出之间获取资本收益的"利差"。其他发达经济体也承担类似角色，尽管其作用远不如美国大。

2008年全球金融危机的爆发改变了国际资本流动的规模和结构。

全球金融危机期间，新兴经济体资本流入遭遇骤停，国际资本风险偏好大大降低，一方面流向相对更安全的发达经济体高流动性资产（国债等），另一方面也回流本国"救火"。新兴经济体货币贬值，资产价格下跌。

从规模上看，全球金融危机后相比全球金融危机前有大幅下滑。根据本书前文研究显示，2008年之后十年间，国际资本流动的总量平均来看相比全球金融危机前下降了约三成。这主要是由于发达经济体自身陷入金融经济危机中，对外资本输出减少。

全球金融危机之后发达经济体普遍实行量化宽松政策，在振兴发达经济体国内经济的同时，也对其他国家产生了溢出效应。发达经济体金融市场上流动性充斥，新兴经济体面临着大规模国际资本流入的冲击。IMF（2016）的分析表明，全球金融危机后流入新兴经济体的资本超过全球总资本流入的1/3，是全球金融危机前的两倍。这一趋势反映了全球金融危机后发达经济体受量化宽松货币政策的影响，资本收益率下降，发达经济体之间的资本流动急剧下降，资本更趋向于流入收益率更高的新兴经济体。

2015年在美国退出量化宽松政策并开始加息和缩表之后，美国经济增长形势向好，资本市场资产价格上升，新兴经济体的资本流入形势发生逆转，国际资本又开始向发达经济体流动。这一次的流动仍然是受风险偏好、利率、经济周期等因素的影响。

从全球资本流动的结构上看，经济全球化加速以来新兴经济体的资本流动总量在世界的占比逐渐提高。

作为新兴经济体的代表，中国自进入21世纪以来在全球资本流动格局中的地位上升尤其迅速。2002年以后，中国的对外资本输出规模增长速度极快，尤其是2008年全球金融危机之后，我国对外投资规模快速增长同时，投资结构也在同步改善。我国外汇储备规模迅速上升，最高接近4万亿美元，当前维持在3万亿美元以上。我国的对外直接投资从无到有，2013年后至今，年度流量均保存在1 000亿美元以上，到2018年底对外直接投资存量已经达到1.6万亿美元，两者均仅次于美国位列全球第二位。

（二）经济全球化推动了新兴经济体在全球经济金融体系中地位上升

经济全球化过程的加速正好与以中国为首的新兴经济体

的崛起大致同步。随着科技革命、全球市场化转型、跨国公司全球扩张、区域经济一体化进程加快等各种因素的出现和发挥作用，经济全球化进程不断加快。国际生产分工体系的深化和细化，技术蔓延和溢出效应的加强，国际贸易和国际投资规模的高速增长，这些因素共同推动了全球资源配置效率的提高，世界经济由此得到更快发展。

（1）新兴经济体经济地位的上升

经济全球化加速过程中，新兴经济体承接了发达经济体的产业转移和技术外溢，依靠自身比较优势加入国际新型分工格局，在国际贸易总量中的占比越来越高。IMF 的统计显示，2000 年时全球货物和服务贸易进出口总规模为 7.75 万亿美元，其中发达经济体和新兴经济体分别占 77.8% 和 22.2%。到 2018 年，三个数字分别为 24.9 万亿美元、63.1% 和 36.9%。

全球化过程中，新兴经济体的经济增长速度长期数倍于发达经济体，这使得其在世界经济中的份额和地位不断提高。按照市场汇率计算，新兴经济体的 GDP 在世界经济中的份额到 2018 年逐渐上升到 40%。如果按照购买力平价计算，这一指标甚至可以达到 59%。IMF 的统计还显示，按照市场汇率计算，20 世纪 80 年代初发达经济体对世界经济增长的贡献率在 80% 左右，新兴经济体为 30% 左右；到 2018 年，两者分别为 35.75% 和 47.84%。①

新兴经济体在全球金融体系地位的上升，主要体现在三个层面。一是参与国际金融交易的规模比例越来越高，二是在全球金融治理中的参与度与影响力提高，三是新兴经济体货币可自由使用程度的提高。

（2）新兴经济体参与国际金融交易规模比例提升

20 世纪 70 年代布雷顿森林体系解体后，主要发达经济体逐渐放松对资本账户和本国金融市场的各种管制，国际金融体系的自由化和市场化程度大大提高。直到 20 世纪 90 年代末，全球金融市场是由以美国为首的发达经济体主导的，对外直接投资、国际证券投资、银行对外信贷以及国际外汇市场等国际金融交易活动主要发生在发达经济体之间，新兴经济体主动参与国际金融交易活动的比例很低。不过，20 世纪 90 年代初期之后，一些新兴经济体也开始加快资本账户开放和放松金融市场管制的进程。中国从 20 世纪 70 年代末开始在经济领域实行改革开放政策，不过直到 20 世纪末，除了吸收外国直接投资之外，金融领域的开放程度依然很

---

① 两者之和不为 1。如 2009 年金融危机期间，发达经济体为 –2139%，新兴经济体为 852%。

低,参与国际金融交易活动的比例也极低。

进入 21 世纪以来,以中国为首的新兴经济体对外金融开放的进程加快,参与国际金融交易活动的比例迅速上升。所有的国际金融交易活动都体现为跨境资本流动。其中,新兴经济体对外投资交易的规模增加尤其迅速。对中国而言,除了接受外国直接投资,银行市场、证券市场、外汇市场等的对外开放程度也越来越高,金融领域的"走出去"战略开始实施。

(3)新兴经济体参与全球金融治理的影响力扩大

长期以来,新兴经济体融入全球金融体系后,只能充当既定规则的接受者,发挥全球金融治理的功能十分有限。这在 IMF 的 SDR 份额分配上体现的很明显。虽然 IMF 艰难推进的份额改革旨在增强新兴经济体的代表性和话语权,但仍无法改变以美国为首的发达经济体占据主导地位和发挥决定性作用的局面。在世界银行、G20 下全球金融稳定理事会、巴塞尔银行监管委员会等机制或机构中,新兴经济体的代表性仍然不足。

金砖国家新开发银行和亚投行的设立体现了以中国为首的新兴经济体对现有全球金融治理体系的改革方案,也体现了新兴经济体参与全球金融治理功能的加强。金砖银行和亚投行的设立旨在体现新兴经济体的需求和要求，反映新兴经济体的利益，以增量改革的方式提高全球金融治理的效率和公平，体现了全球金融治理的目的是推动金融全球化朝着均衡、普惠、共赢方向发展的价值观。

总体上看，经济全球化加速以来，新兴经济体货币的可自由使用程度有了很大提高，经常项目实现了完全可兑换，资本项目的管制也越来越宽松。中国经济和金融市场规模的扩大和开放程度的提高使得人民币的国际地位日益上升，国际货币体系更加多元化。2016年10月，人民币正式加入SDR货币篮子，权重排在美元、欧元之后位列第三，在国际支付、国际借贷、国际储备等场合使用的规模和比例也越来越高。

（三）经济全球化导致货币政策溢出效应显著化和复杂化

经济全球化使得世界各国的经济体系和金融市场联系更加紧密，一国的货币政策不仅对本国有影响，还会通过贸易、产出、利率、汇率、资产价格等渠道影响其他国家的经济变量。因此，经济全球化是货币政策溢出效应的根本动因。外溢效应又可分为发达经济体的溢出效应以及新兴经济体对发达经济体的回溢效应两类。

（1）发达经济体对新兴经济体的溢出效应

显而易见，以美国为首的发达经济体经济发展阶段更高，金融市场更为发达，美元、欧元等货币的国际化程度更高，因此全球经济增长基本上是跟随发达经济体经济周期的波动而波动，货币政策的溢出效应也基本是从发达经济体向新兴经济体传导。毫无疑问，由于美元是世界上接受程度最高的国际货币，同时美国经济规模和金融市场均为全球第一，因此，美联储货币政策对全球经济的溢出效应是最强的。

我们以发达经济体执行宽松的货币政策（货币扩张，利率降低）为例。

在全球金融危机前，当发达经济体和新兴国家经济运转正常情况下，其外溢效应的影响机制既包括进出口贸易渠道，也包括金融市场的利率和资本流动渠道。发达经济体的货币增加（利率降低）一般伴随着总需求扩张，通常会导致本国贸易平衡向顺差减少和逆差扩大方向变动，而新兴国家则向顺差扩大和逆差缩小方向变动，两个变动的共同结果是发达经济体货币贬值和新兴经济体货币升值。实体经济的影响机制通常是间接的、迂回的和长期的，而金融市场的影响则是直接的、迅速的和短期的。发达经济体的货币宽松（低利率）会直接促使资本从发达经济体向新兴国家流动。现实中的情况会更加复杂，资本流动的方向和规模会受到一国货币制度选择和资本账户开放程度的影响。

经济全球化加速的历史上，发达经济体货币政策溢出效应得到过多次集中体现。20世纪90年代初至2000年以来互联网科技股泡沫破灭的近十年间，美国处于经济增长形势向好的"大稳健"时期，美国基准利率逐渐上调，国际资本回流，美元升值。这使得盯住美元的东亚国家货币也被动升值，基准利率上调。同期的日本正处于经济泡沫破灭之后第一个"失去的十年"期间，基准利率不断下行，日元持续贬值。美国和日本货币政策溢出效应的"共振"成为引爆亚洲金融危机的关键外部原因，而国际投机资金对亚洲新兴经济体的攻击成为危机爆发的导火索。美联储和日本货币政策对新兴经济体的负面溢出效应得到了极端体现。

2000年互联网泡沫破灭之后，美国经济进入下行周期，基准利率下调，美元指数下降，宽松的货币政策环境给新兴经济体提供了一段经济快速发展的机遇期。2003年年中至2008年全球金融危机爆发前，美联储又步入加息周期。这一轮加息过程引起了新兴经济体货币的贬值，一定程度上减轻了美国货币政策溢出效应的负面影响，流入新兴经济体的国际资本——尤其是直接投资——仍然在持续加大。由于汇率制度的改变和新兴国家纷纷积累外汇储备加以防范，美联储这一轮加息过程的负面影响较弱。

2008年全球金融危机爆发后，由于量化宽松政策的实施和退出，使得发达经济体货币政策的溢出效应愈加复杂化和显著化。前文对此已有论述。

（2）新兴经济体对发达经济体的回溢效应

有研究表明，新兴经济体货币和金融政策对发达经济体也有回溢效应。IMF（2014）的研究认为，新兴经济体的经济增长会通过贸易、大宗商品和金融渠道对其他国家产生一定规模的溢出效应。新兴经济体的溢出效应中，大概有1/3的部分会回溢到发达经济体，发达经济体大约17%的经济增长会显著反映在新兴经济体的回溢效应中。IMF（2016）认为，国际金融市场溢出效应可以定义为一国国内资产价格的变动对其他经济体资产价格的影响。发达经济体超过1/3的证券和汇率波动来自新兴经济体的溢出效应，其中，"金砖五国"的溢出效应在2008年全球金融危机后增加了近40%。也有研究指出，新兴经济体中，中国货币金融政策对发达经济体的回溢效应最为明显，且逐渐增强，而受回溢效应影响最大的是与中国有着紧密贸易联系的国家（Shu，2015；Davide，2016；Nkunde，2016）。2008年全球金融危机后中国经济增长的下行加大了其资产再平衡进程中的不确定性，这有可能会通过证券价格、汇率以及国债收益率等因素影响全球市场。

进入21世纪以来,新兴经济体货币和金融政策对发达经济体的回溢效应确实越来越明显。前文所述国际资本的"双向流动"格局中,新兴经济体对安全资产的追求一定程度上拉低了发达经济体的国债收益率,这显然有利于其以消费为主体的经济增长模式。在2008年全球金融危机前,这一机制体现得最为明显。全球金融危机后,货币政策溢出效应和回溢效应更加复杂,新兴经济体作为全球经济增长中越来越重要的一方,更是能够通过大宗商品贸易、制成品贸易和自身金融市场的发展对发达经济体的经济增长和金融市场产生越来越大的影响。

(四)全球化退潮?

2008年始发于美国、主要蔓延于发达经济体的全球金融危机深刻改变了全球经济体系的增长模式和力量对比。全球金融危机前以东亚国家为代表的新兴经济体高储蓄和主要发达经济体高消费之间形成了一个"恐怖平衡",这成为国际资本流动背后的实体经济因素动因。全球金融危机后,在发达经济体内出现了一股反全球化的声音和思潮。这一思潮的主要质疑是，经济全球化不能带来国与国之间或不同群体间的共赢，而新兴经济体是经济全球化的主要受益者等。2016 年发生的英国"脱欧"及主张"美国优先"的特朗普当选美国总统被普遍看作是全球化退潮的标志性事件。

从内部看，全球金融危机后各国都面临着经济结构的调整需求，各国或多或少存在人口老龄化和劳动生产率下降、储蓄和消费结构不匹配、收入分配结构失衡导致贫富差距扩大等问题；从外部看，全球化过程中存在着制造业迁移、产业结构单一、资本高流动性和劳动低流动性间的矛盾，以及环境、生态、安全等全球公共产品供给不足等问题。内外部原因均使得的全球化实践进入一个阶段性困境。

特朗普上台后退出各种国际性组织走向单边主义，通过减税措施鼓励跨国公司回流本土，高举关税大棒四处出击重新进行双边谈判等，都是"逆全球化"思潮和实践困境的体现。从数字上看，2008 年全球金融危机后国际贸易的增长速度大大下降，近几年甚至低于全球经济增长速度，国际资本流动规模也有大幅度萎缩。

尽管各国不可能回到相互隔离的全球化前的状态，但经济全球化当前面临实践困境是无疑的。经济全球化下一步将如何发展？是否开始退潮？如果是，其对未来的全球金融格局有何影响？这些问题还需要进一步的观察和思考。

三、关键变量：科技进步

新型的信息和通信科技在近20年间取得了巨大进步。本轮全球科技创新热潮有两个重要方面，一方面是互联网——特别是移动互联网——的普及催生了大数据时代的来临，另一方面是数据分析和人工智能技术取得重大进展。科技进步已经深刻改变了金融业运营模式和形态。首先，科技进步提高了金融业服务效率、降低了服务成本、提升了金融机构的风险管理水平，同时客户获得了更便捷、更高质量的服务等。其次，科技进步还大大拓宽了金融服务的边界，使传统金融业无法顾及的"厚尾"客户也能享受到金融服务，而且也衍生出很多新型金融业务，包括移动支付、P2P、区块链、人工智能、数字货币等。当然，金融科技的应用也产生了新的风险，给基于传统金融运营模式的金融监管带来新的挑战。

（一）科技进步改变了金融服务的供给和需求模式

金融稳定委员会在2017年发布的系列报告中，将金融科技（FinTech）定义为"由科技引发的能够对金融市场、金融机构以及提供金融服务的方式产生实质性影响的金融创新,包括业务模式创新、应用创新、流程创新以及产品创新等"。金融稳定委员会从经济功能视角出发,将金融科技创新归纳为五大类,即支付结算类(例如移动支付和数字货币)、存贷款与资本筹集类(例如P2P融资和众筹融资)、保险类(例如P2P保险)、投资管理类(例如智能投顾)以及市场设施类(例如,分布式账本和大数据计算)。2015年之前,我国对这一领域更多是称为"互联网金融",2015年之后"金融科技"的称谓才逐渐流行。有学者认为,互联网金融是金融科技在我国的"本土化称谓",区分两者的意义不大(廖凡,2019;尹振涛,2019)。

以数字技术和人工智能为代表的新一轮金融科技创新,对金融资源的供给端和需求端都产生了重大影响。在供给端,传统金融资源获取方式被拓展,传统金融市场、业务模式、产品流程都受到了新兴科技公司的系统性影响(FSB,2017)。科技进步不仅使提供金融服务的效率极大提升,还使金融领域出现了"互联网企业"这一新的进入者,它们还因需求端的变化而极大地改变了金融服务的提供方式。例如,跨境移动支付与区块链支付方式对现在流行的SWIFT跨境支付系统构成挑战,P2P借贷和区块链代币发行未来也有可能蚕食传统融资方式的市场,数字货币和中央银行数字货币则可能对现行的主权信用货币带来冲击。

在需求端，互联网和移动互联网时代，电子商务、即时通信、搜索引擎等新应用极大改变了经济形态。马化腾（2015）指出，"互联网+"是以互联网平台为基础，利用信息和通信技术与各行业的跨界融合，推动产业转型升级，并不断创造出新产品、新业务与新模式，构建连接一切的新生态。互联网经济时代，生产模式和消费者行为模式的改变也改变了金融服务需求模式。

巴塞尔银行监管委员会指出，尽管传统金融机构并非首次应对技术创新的挑战，但本轮金融科技创新浪潮无论是创新速度还是应用规模，都远高于历史水平（BCBS，2018）。该委员会分析了未来传统银行业可能出现的五种情况：升级为数字化银行、被金融科技驱动的新型银行取代、与金融科技公司深度合作、专注开发产品而委托金融科技公司管理客户关系，以及完全被金融科技公司颠覆。

金融服务供给和需求模式的改变，也使得新兴经济体的新型金融业态获得了与发达经济体相同的发展机会，从而影响了全球金融格局。

（二）新型金融业态影响全球金融格局

全球金融科技创新浪潮对各国金融市场、传统金融机构以及金融稳定都产生了重大而复杂的影响。为此，各国都高度重视金融科技的创新发展，并将其视为新时期影响本国金融业全球竞争力的决定性因素。

从历史视角来看，发达经济体是技术创新和应用的源头，广大新兴经济体往往只能被动地等待技术转移或者进行模仿创新。美国在传统产业升级转型和商业模式创新方面始终走在世界前列，在金融科技创新领域也同样如此。截至目前，最前沿的金融科技技术、最富活力的金融科技创业企业以及几乎全部的金融科技商业模式创新都源自美国。2012年3月，奥巴马政府发布了《大数据研究和发展计划》，这被视为美国大数据国家战略出台的标志。2018年2月，美国国会就区块链技术的应用和数字货币监管问题先后召开两次听证会，事后的报告中已经把区块链作为一项革命性技术进行定位，指出区块链必须开放并做好准备运用于商业和政府业务。

在本轮全球金融科技创新浪潮中，中国在科技创新和应用方面也取得了丰硕的成果，甚至在部分领域领先于发达经济体。有研究认为，从市场规模和投融资总额指标看，我国都已逐渐成为全球金融科技的领跑者，区块链和人工智能等技术在金融领域已进入应用阶段，未来还将在大数据及互联网征信、科技保险、区块链、人工智能和智能投顾等方面迎来高速发展（张景智，2018）。《中国互联网发展报告2019》中披露，中国目前已经成为网络用户数量最多的国家，截至2019年6月网民规模达8.54亿人，互联网普及率61.2%。不管是面向进行升级换代的机构金融业务，还是面向个人的零售金融业务而言，中国互联网企业无疑可以享受巨大的规模效应红利。如此巨大的网络规模衍生出来庞大的金融业务需求，使中国的金融科技在移动支付、互联网理财等细分领域取得了长足进展。由于市场规模庞大，在理论上借助金融科技创新能够动员和聚集的零散资金将无疑更多，"积少成多"效应更加显著。因此，对于中国本土金融科技企业而言，其庞大的中国客户基础本身就是参与全球竞争的核心竞争力。

在政策层面，中国对新兴金融科技的重视程度前所未有。例如，2019年10月24日中共中央政治局对区块链技术进行集体学习。习近平总书记在会议上指出，区块链技术应用已延伸到数字金融、物联网、智能制造、供应链管理、数字资产交易等多个领域。目前全球主要国家都在加快布局区块链技术发展。我国在区块链领域拥有良好基础，要加快推动区块链技术和产业创新发展，积极推进区块链和经济社会融合发展。

（三）科技进步对金融监管的挑战

科技进步导致的金融业务创新也给政府当局的金融监管带来挑战。已有研究表明，金融科技的迅猛发展至少会带来技术操作风险、数据安全风险、信息不对称风险等（廖凡，2019）。其中西方发达经济体由于金融行业以及监管制度均较为成熟，监管的改变以适应新型金融业态的要求为主。而在中国，由于金融深化程度和市场化程度较低，新型金融业务风险的爆发迫使金融监管当局需要不断探索新的监管制度和监管方式。

以英国为例。2005年前后，以P2P和众筹融资为代表的金融科技创新萌芽出现伊始，便引起了英国金融当局的高度重视。在主要发达经济体中，英国最早认识到数字技术创新可能对传统金融业产生重大影响，从而强调金融科技创新的重要性。2015年3月，英国政府科学办公室在其发布的题为《金融科技未来：英国作为全球金融科技领导者》的报告中，首次提出了"监管科技"（RegTech）这一概念。报告认为，尽管金融科技对传统金融监管体制形成了挑战，但也存在着重大的机遇——利用金融科技与大数据分析范式重塑传统的监管理念。在众多新兴的金融科技中，基于大数据技术的在线报告与风险分析技术最有可能成为新一代监管框架的基础。

英国金融行为监管局（FCA）在 2015 年提出了"监管沙盒"的思路来规范对金融科技的监管。FCA 报告认为，监管沙盒是一个"安全空间"，企业可以在其中测试创新性的产品、服务、商业模式和提供机制，而不会因从事所述活动而立即招致通常的监管后果。英国的监管沙盒于 2016 年 6 月正式启动，此后澳大利亚、新加坡等纷纷效仿。正如 FCA 报告所言，引入监管沙盒的基本宗旨是促进金融科技发展，特别是支持初创企业所进行的"破坏性创新"活动。截至 2017 年底，英格兰银行还与十家顶级科技创新企业开展了十余项合作研究，探索分布式账本技术（DLT）、数据存储与分析技术、机器学习以及网络安全技术在金融领域的应用（Hauser，2017）。

2008 年全球金融危机之后，美国在反思危机教训的基础上，除在监管理念和框架方面强化宏观审慎监管外，在监管技术方面则加强微观数据搜集和大数据技术应用。其中，加强金融业综合统计体系建设，作为一项重要的金融数据基础设施被提上日程。在美国的主导下，G20 历次会议和金融稳定委员会致力于从金融机构识别和金融产品识别两个方面构建全球性的标准化数据信息系统。近年来，这一重要的全球金融数据基础设施建设取得了重大进展。美国在数据标准制定和全球数据治理方面的特殊影响力，无疑是其开展全球金融科技竞争的独特优势。

在中国，新兴金融业务带来的监管挑战表现却不一样。近年来，随着我国金融科技创新飞速发展，以 P2P、第三方支付以及虚拟货币交易为代表的互联网金融模式日益成为孕育投机风潮，甚至是违法犯罪活动的温床，金融风险不断累积，严重影响了金融体系的安全与稳定。以 P2P 行业为例，从 2007 年开始进入中国后，一度呈现爆发式增长的态势，整个行业融资余额超过 2 万亿元。但 2016 年 8 月发布监管规定之后，整个行业不断爆发倒闭、跑路、资金周转困难和恶性欺诈等事件，2019 年开始进行全行业的清退。

2015 年 7 月，"一行三会"等十部委联合发布的《关于促进互联网金融健康发展的指导意见》。2016 年 10 月，国务院发布《互联网金融风险专项整治实施方案》，随后中国人民银行、银监会、证监会、保监会等部委相继跟进发布各自主管领域的专项整治工作实施方案，在全国范围内掀起了一场互联网金融的"整治风暴"。我国金融科技（主要是互联网金融）的监管模式还处于探索阶段，达到的目标在维护金融市场稳定与推动金融创新两级摇摆，没有实现双赢。因此，有必要认真总结经验，紧密结合我国金融科技发展的实际，充分运用大数据、区块链、人工智能等现代科技，创建有中国特色的监管科技新模式。

第九章

全球金融格局变化的含义

前文所述的全球金融格局的多方面变化,并不是孤立的现象,而是相互联系、交错影响的,反映了世界各国不同的经济结构和发展阶段,也体现了当前国际货币体系的特点,在降低全球金融体系的脆弱性方面既有积极作用,也存在一定的局限性。

一、折射了各国不同的经济结构和发展阶段

(一)美国经济结构以金融地产等服务业为主,制造业比重日趋下降

从2008年美国次贷危机发展至今,已经十多年了。在这十多年里,全球金融格局发生了诸多变化,其背后则是根本的经济规律在起作用,体现了世界各国不同的经济结构和发展阶段。事实上,实体经济的发展与国际金融格局发展的

七个变化是相互交叉、互为因果的关系。

对于美国来说，经济发展已经到了以服务业为主的阶段。2008 年美国的次贷危机发端于金融部门，进而对全球经济发展产生影响；而在此后的十多年中，美国持续调整、实施财税政策，逐步走出金融危机，使经济企稳回升（杨全社等，2020）；但是以金融地产部门为主导的服务业板块一直占据着美国经济结构的绝大部分，而制造业板块则日益衰微。

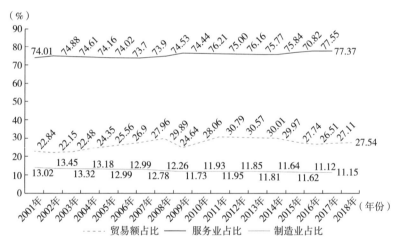

图 9-1　美国贸易额、服务业和制造业增加值分别占 GDP 的比重
资料来源：国研网世界经济数据库。

随着全球贸易格局的急剧变化，美国已经从最大的贸易顺差国变成了逆差国。德国、日本和中国已相继崛起，成为世界上最大的贸易顺差国，其背后是全球制造业的关注点从美国转移到了外部世界。第二次世界大战后，美国的强劲出

口得益于两次世界大战期间美国建立的完善的工业体系，是世界上最重要的制造业中心。随着德国和日本的相继崛起，德国在1967年取代美国，成为世界上最大的贸易顺差国。1983年，日本接替了德国成为最大的贸易顺差国。2001年，德国再次超过日本，直到2009年，中国成为世界上最大的贸易顺差国。

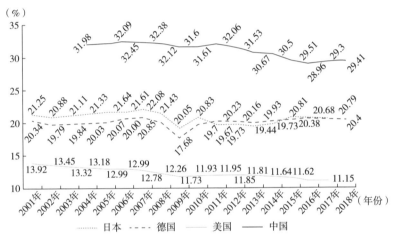

图9-2 美国的制造业占比与日本、德国和中国的比较

资料来源：国研网世界经济数据库。

美国的服务业，特别是金融业、航运业、保险业以及商业服务业占GDP最大比重，全国3/4的劳动力从事服务业。其中，金融业是美国最具影响力的产业。自从第二次世界大战后开始的美国金融自由化革命促进了其金融业的繁荣发展。进入20世纪90年代后，美国传统制造业所占比重降至

50%以下,而金融业和其他服务业的比重开始上升。到2019年,美国的制造业就业的比例仅占全部就业规模的8.4%,工资增长创历史新低。在传统制造业衰落的同时,美国建立了世界上最强大和最广泛的金融体系,出现了经济金融化的特征,形成金融资本偏倚型的收入分配,金融资本攫取了发展所带来的绝大部分好处(刘宾,2019)。

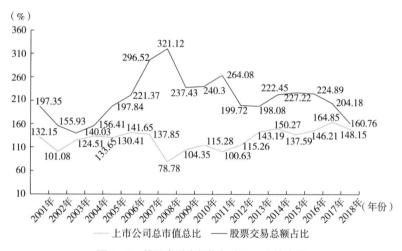

图 9-3 美国金融市场指标占 GDP 的比重

资料来源:国研网世界经济数据库。

从横向比较来看,美国的上市公司市值也是世界上最高的,其占 GDP 的比重不仅远高于中国,也比日本、德国等发达经济体的比重高。

美国这种以金融为核心的产业发展模式,是其经济发展到一定阶段的自然产物,健全的金融市场也支撑了美元在国际货币体系中的核心地位。但是，从金融危机形成的角度看，这种金融衍生产品链条过长、过于复杂的特征，则是给整个金融体系带来更多的脆弱性。

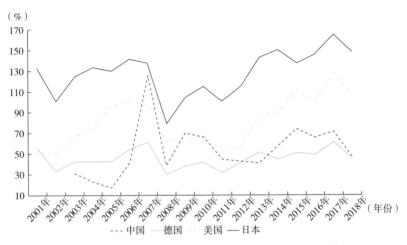

图9-4　美国与中日德国上市公司市值占GDP的比重对比
资料来源：国研网世界经济数据库。

（二）欧洲"高福利社会"以高债务杠杆为基本特征

在20世纪80年代前后，欧洲国家总体上建立了一个相对完整的高福利体系，基本上覆盖了社会的各个领域。个人可以享受早期教育、基础教育、住房保障、医疗保险、失业救济金、养老金等福利。但是，高福利制度必须基于快速的经济增长和持续增加的政府收入。然而，随着2008年全球金融危机之后欧洲经济陷入低迷，欧洲的高福利体系开始暴露出一系列问题,"欧债危机"成为欧洲经济十多年来一直难以摆脱的阴影。

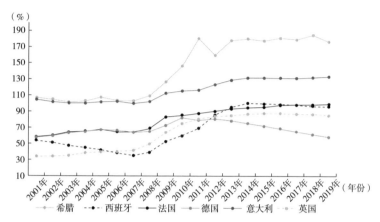

图 9-5 欧洲主要国家的政府债务总额占 GDP 百分比
资料来源:国研网世界经济数据库。

欧元区一体化后,每个国家的经济结构都大不相同,经济发展的不同阶段也使有效协调财政政策变得困难。例如,希腊没有资源优势,没有领先的创新优势,而德国和法国这样的大国则垄断了出口,强国与弱国之间的矛盾越来越突出。过去,在维持欧元和欧洲一体化的更高要求下,通过欧洲政治精英的努力,他们得以和解与妥协,但 2008 年全球金融危机的爆发凸显了这些问题。外围国家与核心国家之间的财政政策和货币政策明显不相容,欧元区无法满足成员国不同的货币政策偏好,使得外围国家陷入结构性衰退,并且面临债务危机,外围国家与核心国家之间的差距进一步扩大。另外，当经济发展不平衡时，也会出现搭便车行为，希腊无限制的信贷最终需要让德国这样的大国来支付，这使得建立欧元区的救助机制极为困难，欧洲主权债务危机日益严重。与此同时，欧洲各国普遍面临着高失业和高老龄化危机，一些欧洲国家的养老保险支出占公共支出的70%以上。在这种情况下，高福利和高债务杠杆发展模式由于缺乏坚实的经济发展和政府收入作为基础，增加了全球金融体系的脆弱性。

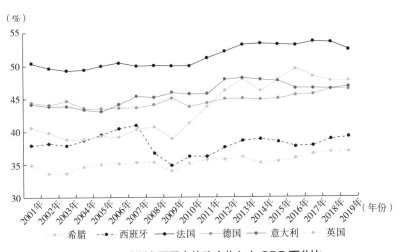

图9-6 欧洲主要国家的政府收入占GDP百分比
资料来源：国研网世界经济数据库。

2020年新冠肺炎疫情在全球扩散，全球经济呈现衰退之势。随着欧洲感染人数的爆发式增长，医疗人员不足、核酸检测试剂和个人防护设备紧缺、公共可控经费有限等问题都逐渐暴露出来，亟待更大规模的财政刺激计划以补充医疗资源供应和挽救经济，而这无疑会加剧此后债务的系统性风险（张茉楠，2020）。在欧元区主要经济体中，意大利债务风险仅次于希腊，而其2019年政府债务高达2.37万亿欧元，占GDP比重为134.8%，超出欧元区60%债务警戒线两倍之多；意大利银行资产坏账率超过17%，所持国债总规模达到总资产的10%，接近欧元区平均水平的3倍。不仅如此，近年来欧元区国家相互帮扶能力大大下降，新冠肺炎疫情在欧洲持续扩散令每个国家都背负越来越大的压力，其经济遭受的损害也势必体现在银行资产负债表上，使整个金融体系变得愈加脆弱。

（三）新兴经济体延续改革开放之路，经济逐渐崛起

2008年全球金融危机之后，世界制造中心越来越向以中国为代表的新兴经济体转移，进一步确立了新兴经济体崛起的趋势，同时也加速了跨境资本流动。

对于中国来说，制造业兴起的趋势已经持续了40年。1978—2018年的40年中，中国的GDP年均增长率超过9.5%，对全球经济增长的贡献率超过30%，其中出口导向型经济发挥了重要作用。1978年，中国的进出口额不到世界总额的1%，

在全球制造业中也被边缘化，高端制造设备严重依赖进口。然而，在后来的40年中，中国坚持走改革开放的道路，通过土地、人口和政策优势，通过"三来一补"的加工贸易，建立了出口导向的制造业体系。2018年，中国制造业的增加值为40 027.53亿美元，是1978年制造业增加值的188倍左右。目前，中国制造业就业人数居世界第一，占世界制造业就业总数的1/3，制造业的大规模扩张创造了中国经济持续增长的奇迹。

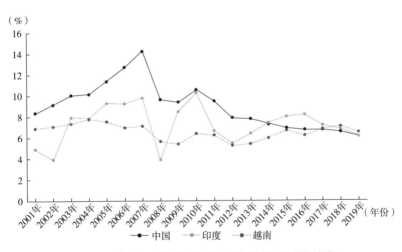

图9-7 中国和亚洲主要新兴经济体的GDP增长速度

资料来源：国研网世界经济数据库。

中国制造业的兴起，实际上是得益于改革开放融入全球化进程。中国改革开放40多年来，不断推进市场化改革，外商投资日益增加；2001年加入WTO之后中国和世界资本与贸易的联系则变得更加紧密。2001年，中国的外商投资企业年末投资总额为8 750亿美元，到2018年已增加至77 738亿美元，年均增长12%以上。

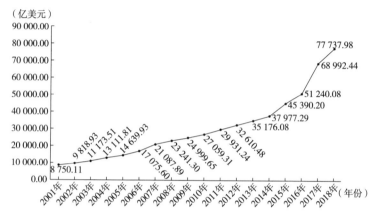

图9-8　中国外商投资企业年末投资总额

资料来源：锐思宏观经济数据库。

趁着全球化所带来的高速经济增长，越南、印度等新兴经济体也走上了改革开放的道路。越南自1986年革新开放以来，以中国改革开放作为学习的模板，结合自身实际推进革新开放，招商引资力度不断加大，截至2019年底，越南的FDI达到48.5亿美元。目前，越南的FDI主要来自亚洲，其中最大来源地是中国，其次是韩国（17.8%）、日本（13.6%）、中国香港（12%）和新加坡（11.4%）。

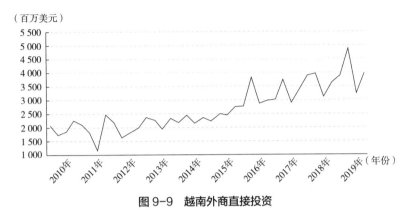

图 9-9 越南外商直接投资

资料来源：ceic data。

印度自 1991 年宣布改革开放后，也开始了高速发展。截至 2019 年底，印度的外商直接投资达到 132.3 亿美元。为了进一步吸引投资，印度在 2019 年 8 月已对 FDI 投资规范进一步放松。

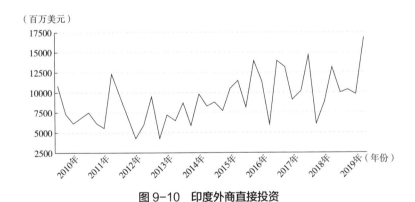

图 9-10 印度外商直接投资

资料来源：ceic data。

从这些新兴经济体所处的发展阶段来看，其经济逐渐崛起的过程实际上是经济体从农业经济向工业经济转变的过程，也是在全球化趋势下融入全球产业链、价值链，和主动承接产业转移的过程。在这个产业转移过程中，新兴经济体扩大了招商引资的规模，而发达经济体则更多地充当了资本提供者的角色，从而形成国际跨境资本流动，进而给国际金融体系形成冲击，增加金融体系的脆弱性。

二、反映了当前国际货币体系的特征

（一）美元在国际货币体系中居于核心地位

美元在全球货币体系中的核心地位始于第二次世界大战后的布雷顿森林体系，然而在1973年布雷顿森林体系瓦解之后，美元的核心地位并未有实质性变化，在计价单位、支付手段和价值储藏上都占据绝对地位，在全球的外汇储备中一直保持60%以上的高水平份额，美元仍然是最主要的国际货币。截至2018年底，全球外汇储备中美元占比61.74%，其次是欧元、日元、英镑、人民币和其他货币。人民币作为唯一的新兴经济体货币，尽管已是世界第二大经济体，但在全球外汇储备份额中占比还不到2%。

表 9-1 2001—2018 年全球外汇储备中各货币份额占比

年份	美元（%）	欧元（%）	日元（%）	英镑（%）	人民币（%）
2001	71.51	19.18	5.04	2.70	—
2002	66.50	23.65	4.94	2.92	—
2003	65.45	25.03	4.42	2.86	—
2004	65.51	24.68	4.28	3.49	—
2005	66.51	23.89	3.96	3.75	—
2006	65.04	24.99	3.46	4.52	—
2007	63.87	26.14	3.18	4.82	—
2008	63.77	26.21	3.47	4.22	—
2009	62.05	27.66	2.90	4.25	—
2010	62.14	25.71	3.66	3.94	—
2011	62.59	24.40	3.61	3.83	—
2012	61.47	24.05	4.09	4.04	—
2013	61.24	24.20	3.82	3.98	—
2014	65.14	21.20	3.54	3.70	—
2015	65.73	19.14	3.75	4.71	—
2016	65.36	19.13	3.95	4.34	1.07
2017	62.72	20.16	4.89	4.54	1.23
2018	61.74	20.67	5.20	4.42	1.89

资料来源：IMF。

美元的核心地位还体现在国际贸易结算中。国际贸易中使用美元计价结算的比重远比其他货币要高，与美国无关的国际贸易也广泛采用美元计价结算。目前，接近90%的外汇交易量和超过40%的美国以外的国家进口均以美元计价，

62%的已发行国际债券、49%的已发行全部债券以及48%的全部跨境银行债权都基于美元。此外，国际石油交易中所使用的货币也一直主要采用美元来交易，这使得世界各国都不得不储备更多的美元来保持自己的能源购买力，这也进一步巩固了美元的核心地位。

鉴于美元的这种核心地位，其货币锚的作用非常明显。世界各国的货币都试图通过与美元汇率相联系来决定自己的相对价值。同时，美国有企业在对外支付中可以规避汇率波动风险，美国可以更容易地应对国际收支失衡。但是，美元作为美国的主权货币，同时又是国际货币。这两个角色集于一身，使国际货币体系蕴含着较大的系统性风险。当美国因其经济状况而制定某种货币政策时，美元的扩张或收缩效应将不可避免地外溢到世界其他各国，对全球金融体系整体上形成冲击，而美国则可以比较轻松地获取铸币税。

在2008年全球金融危机发生之后，面对次贷危机带来的流动性崩坏和信贷收缩问题，美联储采用了价格和数量两种工具，加大对市场流动性的投入，最后以近乎于零的低利率和四轮量化宽松政策缓和危机。然而压低了美国的长短期利率，加剧了流动性泛滥和"双赤字"问题，不仅快速降低了美元的实际账面价值，还从外部引发了外围国家对美元价值的质疑和全球失衡的忧虑。所以，各国对国际货币体系进行根本性改革的想法逐渐成为一种共识。

虽然2008年全球金融危机后国际社会达成广泛共识——加强金融监管、整顿过度自由带来的危机，各国也陆续出台了很多金融法律法规，但这些并未从根本上约束美元的使用，由于全球金融危机带来的全球经济大面积衰退，甚至强化了美元的地位，给予了美元更多的币权空间。而就外部而言，外围国家过度承担了美元泛滥带来的后果，美国巨额的贸易逆差意味着主要资源国和出口国积累了大量的美元外汇，导致货币发行激增和严重的流动性过剩。2008—2018年，中国的M0从36 673亿元上涨到73 208亿元，增幅达到99.6%，而M2从417 819亿元增加到1 826 744亿元，增幅达到337.2%，造成中国国内企业的杠杆率上升，房地产持续过热，影子银行膨胀发展等由于过剩流动性而产生的问题。

在2020年初爆发新冠肺炎疫情全球大流行期间，美国金融市场出现前所未有的剧烈波动，一个月内四次触发熔断机制，市场流动性紧缺，远超2008年全球金融危机时期所带来的冲击。为此，美国推出了2万亿美元的财政政策刺激计划，而美联储也出台了前所未有的货币扩张政策，在将利率降至零的同时实行无限量的量化宽松政策为市场注入流动性。美国的这些财政政策和货币政策是基于其国内经济状况而制定的，其目标主要是应对国内疫情冲击。但是由于美元是国际货币,其扩张的财政政策和货币政策势必给其他国家尤其是新兴经济体的货币带来压力。当然,为了减缓这种冲击,美联储也相应地做了应对,设立一项临时回购协议安排(FIMA Repo Facility,简称 FIMA),以增加美元流动性的供应渠道,平稳包括美国国债市场在内的金融市场,以确保对企业和家庭的信贷可得性。

(二)新兴经济体崛起对全球货币体系带来多元化影响

在当今世界,新兴经济体已经成为引领世界经济增长的重要引擎,这对原来以西方发达经济体为主导的世界经济格局形成冲击。中国作为新兴经济体之一,尽管近年来经济增速有所下降,但仍是世界上发展最快的国家之一,综合国力增强,人民币在国际支付中的地位也有所提升,得到越来越多国家的认可。人民币的国际化进程对世界经济格局产生了一定的影响,促进了全球货币体系的多元化。

近年来,新兴经济体在全球经济中的比重明显增大。2019 年世界 GDP 前十排名,分别为美国、中国、日本、德国、印度、英国、法国、意大利、巴西和加拿大。其中,印度 2019 年名义 GDP 约为 2.85 万亿美元,已经超过英法两国位居全球第五名,与第四名的德国差距缩减到只有 1 万亿美元。按照当前的经济发展趋势，2025年左右印度有可能超过德国。巴西GDP约为1.84万亿美元，位居第九位。俄罗斯GDP约为1.69万亿美元，位居第十一位。

中国是新兴经济体的典型代表，2019年GDP达99万亿元，按照年平均汇率折算达到14.4万亿美元，稳居世界第二，中国GDP占世界的比重预计将超过16%，中国经济增长对世界经济增长的贡献率预计将达到30%左右。实际上，从2006年起中国对世界经济增长的贡献率一直稳居世界第一，是世界经济增长最重要的引擎。2018年，中国对世界经济增长的贡献率为27.5%，比1978年提高24.4个百分点，年均复合增长率5.6%。2019年中国经济年报数据显示，中国经济增速明显高于全球经济增速，在世界主要经济体中名列前茅，在1万亿美元以上的经济体中位居第一。根据中国海关总署最新发布的数据，2019年中国货物贸易进出口总值继上年突破30万亿元大关后，再次攀升至31.54万亿元，以同比增长3.4%的速度"逆势"收官，继续保持全球货物贸易第一大国的地位。从人均国民收入（GNI per capita）的角度看，中国近年来也有了很大的提高，2019年已经达到10 277美元；根据世界银行公布的标准，中国已从低收入组（low-income group）跨入中上收入组（upper-middle-income group），接近高收入组（high-income group）的水平。

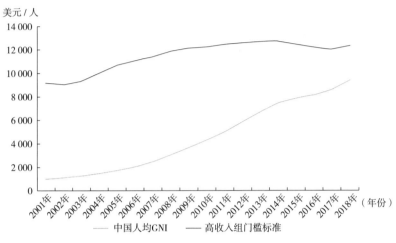

图9-11 中国人均国民收入水平增长情况

资料来源：www.macrotrends.net。

根据国际货币基金组织2020年4月在其最新发布的《世界经济展望报告》中指出，由于受到新冠肺炎疫情影响，预计全球经济增速在2020年会下降到-3%，其中发达经济体2020年经济增速将在-6.1%，新兴经济体经济增速则为-1.0%。中国和印度预计2020年的经济增速分别为1.2%和1.9%，是仅有的预计经济增速为正的经济体，继续扮演新兴经济体的主要代表和增长动力源的角色。

新兴经济体的崛起推动了国际贸易格局和国际金融格局的变化。在全球贸易增速放缓的背景下，全球约200个国家和地区中，中国仍是全球最大的货物贸易国，2018年全年进出口总额高达4.623万亿美元（全球占比11.75%），以美元计同比增长 12.6%。其中，中国出口商品总额也是全球最高的，达到了 2.487 万亿美元，以美元计增长 10%。中国与欧盟、东盟以及一些新兴经济体的贸易规模迅速增长，贸易伙伴朋友圈进一步扩大，整体的对外贸易市场结构更趋多元化。同时，国际金融格局也出现了新的变化，金砖国家新开发银行和亚投行作为新的国际金融机构出现在全球金融体系中，为加强"一带一路"沿线各国的互联互通和基础设施建设提供制度性保障，为现有多边机制增添实质性内容，也打破了现行由欧美日主导的世界银行和国际货币基金组织等金融治理框架，为全球治理体系贡献了由新兴经济体主导的国际平台。

新兴经济体的崛起对国际金融体系产生影响，在一定程度上改变了国际货币体系的结构。在资本市场方面，中国的崛起使得沪深股市成为世界资本市场的重要组成部分，越来越多的国际投资者开始关注和投资中国市场。2015 年，14 家中概股首度纳入 MSCI 旗下的中国指数（MSCI China Index）和新兴经济体指数（MSCI Emerging Market Index）。2018 年，中国 A 股正式被纳入 MSCI 新兴经济体指数和全球指数。

在国际货币体系方面，尽管美元仍是国际货币体系的核心，但是人民币也已经有了一定的地位，2016 年 IMF 将人民币纳入了 SDR 货币篮子；2018 年，全球外汇储备中人民币的份额占比达到1.89%，已成为世界第五大储备货币；人民币国际支付在全球市场的份额近年来也一直稳定在1.5%~2%区间内，与过去相比有了很大的改变。人民币的国际化发展，促进了各项跨境人民币业务的开展，人民币国际化降低了金融风险、提高了金融产品集中度，实现了金融资源的重新配置，境外投资者对中国债券市场的投资比重也持续增大，随之而来的必然是境外投资者利用利率衍生产品开展套保的旺盛需求。另外，外资银行加入地方政府债券承销团，有利于拓宽发行渠道，促进地方政府债券投资主体多元化，保障地方政府债券发行工作长期可持续，也有利于扩大政府债券市场对外开放，提高中国债券市场的国际影响力。这不仅使得中国金融市场体系投融资功能的完善，并且稳定开放资本账户还能促进一个集国际化与多层次于一体的金融市场结构的形成。

同时，"石油美元"的垄断格局也出现了一些多元化的迹象。2018年3月人民币原油期货合约正式推出，且经过此后的交易运行，人民币原油期货的交易量正在迅速扩张，并从世界两大原油期货市场抢夺14.4%的市场份额。中国版的原油期货现已成为亚洲最大的原油期货交易市场，仅次于美国的西得克萨斯轻质原油（WTI）和英国的布伦特原油市场，并有望成为亚洲原油定价基准。在目前全球多国在能源交易领域去美元化不断深入的背景下，能源市场巨头洲际交易所将与阿布扎比的国有石油生产商和包括中国、英国及荷兰的一些全球最大的石油公司合作，在2020年阿联酋推出一个新的原油期货交易所，这可能会改变中东原油的交易方式，将削弱以美元计价的WTI和布伦特两类油准。俄罗斯也正在准备推出以欧元计价的基准原油，与此同时，沙特阿拉伯也已在寻找石油美元的替代品，特别在面对美国低价页岩油抢占市场的背景下，这将迫使后者不得不寻求更加独立的立场，减少对美元的依赖。

根据世界银行2011年的报告分析，预计到2025年全球可能出现以美元、欧元和人民币为核心的多元储备货币体系，其中人民币作为新兴经济体的货币成为国际储备货币体系中的组成部分，将对世界金融体系的稳定性做出贡献。不过，也有学者质疑这样的多元储备货币体系是否会更稳定，而且从当前的发展情况看，美元的核心地位并未明显减弱，这个多元储备货币体系的形成注定是一个长期的过程（宗良，2019），储备货币体系三足鼎立的预测届时不一定会真的发生。

（三）全球金融风险防范合作存在一定局限

2008年全球金融危机爆发以来，为了共同防范全球金融风险、促进全球经济稳定，世界各国相互协作建立了一系列全球金融风险防范合作机制。

在G20层面，2009年G20峰会决定设立金融稳定委员会和国际货币基金组织合作，对未来出现的金融风险提出早期预警。在2020年3月的G20财长和央行行长视频会议上，与会国共同承诺在新冠肺炎疫情大流行期间帮助应对低收入国家债务脆弱性的风险，与相关国际组织合作迅速向新兴经济体和新兴经济体提供适当的国际财政援助，并与金融稳定委员会合作，协调各国针对新冠肺炎疫情大流行病采取的监管措施。

在银行监管方面，2008年全球金融危机之后巴塞尔委员会研究推出了《巴塞尔协议Ⅲ》，并于2010年11月获得G20的批准。但是由于受到2020年的新冠肺炎疫情大流行的影响，国际清算银行宣布批准一系列措施为银行和监管机构保持财务和运营弹性提供支持，其中对《巴塞尔协议Ⅲ》的实施时间表作出一些修订，包括将2017年12月敲定的《巴塞尔协议Ⅲ》的实施日期推迟一年至2023年1月1日，将资本产出下限的过渡期延长一年至2028年1月1日，将2019年1月修订完成的市场风险框架推迟一年至2023年1月1日开始实施，将2018年12月最终修订的第三支柱披露要求的实施日期也推迟一年至2023年1月1日。

在央行货币互换方面，2008年全球金融危机期间，由于西方各国陷入美元流动性短缺之中，因此各国间加大了双边货币互换力度用以相互提供流动性支援。自2008年以来，全球央行之间签署70项以上的互换协议，涉及50多个国家和地区。2013年美联储、欧洲中央银行、英格兰银行、日本中央银行、加拿大中央银行和瑞士国家银行（C6）再次启动美元互换机制，将原有的临时协议转换为长期协议。但是，当前双边货币互换体系主要在发达经济体之间自成网络，而中国作为第二大经济体、系统重要性国家却被排斥在外，体现了当前全球金融风险防范合作的局限性。

在区域货币协调机制方面，2012年建立的欧洲稳定机制（ESM）被寄予厚望，希望能够帮助欧元区各国渡过债务危机，维护欧元区的金融稳定。但是希腊债务危机的解决并不尽如人意，而在2020年新冠肺炎疫情大流行情况下，欧洲稳定机制发挥的作用也比较有限；发行新冠债券用以分担新冠肺炎疫情大流行风险的提议，目前也未得到普遍认同。相反，由于英国经过全民公投"脱欧"，欧盟的凝聚力实际上大不如前，在2020年新冠肺炎疫情大流行情况下的各国之间的相互合作也非常有限，可以预见，欧洲在金融风险防范方面的合作实际上非常困难和局限。

此外，自2018年美国特朗普政府执政以来，一直倡导

"美国优先"政策,试图通过向贸易国加征关税、发布出口管制"实体名单"等方式提振国内经济,甚至通过调整"汇率操纵国"的标准打击贸易伙伴,贸易保护主义思潮开始抬头,使得全球贸易领域不确定性明显上升。在此背景下,中美两国之间的贸易摩擦越来越激烈,并逐渐扩散到科技、地缘政治等其他领域,中美两国间的合作互信基础被削弱,金融风险防范合作也很难有所建树。

三、对全球金融脆弱性的影响正负互现

(一)在降低全球金融体系脆弱性方面的积极作用

为了应对全球金融体系所面临的风险,在 2010 年 G20 首尔峰会上,全球金融安全网建设的思想被提出并得到高度重视;在 2016 年 G20 杭州峰会上,则进一步明确了以 IMF 为核心的全球金融安全网,并同意加强不同层次的金融安全网之间的有效合作。目前,全球金融安全网已逐渐形成四个层次的网络结构:第一层次是各国基于自我保险而进行的国际储备资产积累,第二层次是各国央行之间形成的双边货币互换,第三层次是区域经济体之间形成的地区储备安排和多边货币互换网络,第四层次是以 IMF 为核心的全球危机干预

和预防资源。在这四个层次网络结构中，第一层次（自我保险）和第四层次（IMF的救助）是金融危机前就已广泛存在的传统的危机干预和预防资源，第二层次（双边货币互换）和第三层次（地区储备安排和多边货币互换网络）则是金融危机之后进一步发展起来的网络结构。

全球央行作用的加强和金融监管水平的提升，在降低全球金融体系脆弱性方面有一定的积极作用。从金融危机以来的实践情况看，政府始终是危机救助的主角，传统货币政策与财政政策是危机救助最有效的措施，而国际协调救助则是降低跨国负向溢出效应的关键（寇明婷等，2019）。央行主导的宏观审慎政策从宏观的、逆周期的视角采取措施，防范由金融体系顺周期波动和跨部门传染导致的系统性风险，维护货币和金融体系的稳定。宏观审慎不是一个新的概念，金融危机前不少国家已采取了一些相关措施，但危机后国际社会对宏观审慎的认识更加深刻，推进的步伐也明显加快。2010年，国际社会强化宏观审慎政策的努力已取得积极进展，初步形成了可操作的政策框架。2010年末G20批准了《巴塞尔协议Ⅲ》的基本框架，在最低监管资本要求之上增加基于宏观审慎的资本要求，包括逆周期资本缓冲、系统重要性额外资本要求等，体现了加强宏观审慎管理、增强逆风向调节的诸多进展。国际金融管理改革实践则呈现出由中央银行主导宏观审慎政策的趋势。美国金融改革法案强化了美联储对系统重要性金融机构的监管。英国政府授权英格兰银行负责宏观审慎管理，并把金融监管权从金融服务局转移到中央银行。新修订的《韩国银行法》进一步强化了韩国银行的宏观审慎职能，赋予其维护金融稳定的必要工具和手段。

金融危机之后，全球金融监管都在逐渐向综合监管和功能监管转变，都更加强调宏观审慎监管和微观审慎监管的协调配合，以避免监管空白和监管套利机会的出现，这有利于降低全球经济的脆弱性。金融监管的加强对防范金融风险的爆发和蔓延起到了一定的作用，但同时也对金融业的发展形成了制约。美国《多德－弗兰克法案》就使银行的借贷能力受到限制，损害了美国金融机构相对于海外同行的竞争力，进而制约了经济增速。

从目前的发展趋势看，金融危机之后形成的各种金融监管措施有可能得到调整和放松以适应金融业的进一步发展。尤其是一些中小银行，并不是金融危机爆发的原因，因此没有必要对他们施加过于严厉的监管。从危机防范的角度看，金融监管更重要的任务应该在于监测和评价系统重要性金融机构的状况，抓大放小，在维护金融系统稳定的同时保证金融业发展的活力。

（二）在降低全球金融体系脆弱性方面的局限性

尽管全球金融安全网的形成在一定程度上降低了全球金融体系的脆弱性，但是这种作用具有不少局限。由于债务杠杆提升、货币政策溢出以及跨境资本流动的日益频繁，都对全球金融脆弱性带来更多的挑战。

在债务杠杆方面，2019年全球债务总规模已达到252.6万亿美元，是全球经济产出的3.2倍以上。其中，美国国债在2011年触及国会所允许的14.29万亿美元上限，此后一路上升，到2019年已达23万亿美元；目前美国国债最大持有国为日本和中国，分别持有1.21万亿美元和1.08万亿美元。欧洲的主权债务危机则始于2009年的希腊债务危机，然后波及其他欧洲国家，包括外界认为较稳健的比利时、经济实力较强的西班牙等，都受到债务危机的困扰。尽管在2012年欧盟设立了欧洲稳定机制（ESM）用于向财务困境国家提供应急贷款，额度最高达到5 000亿欧元，部分国家的危机得以暂时缓解，但高企的债务杠杆并未消除，欧盟在面临欧债危机、难民危机、英国脱欧、民粹主义政党崛起等问题和矛盾时显得力不从心，成为后期发展的隐患（郭子珍，2020）。2020年出现并扩散至全球的新冠肺炎疫情冲击，使得欧美各国失业率猛增，各国相继推出失业补贴和经济刺激计划，这可能会进一步加剧其债务杠杆的问题。

在货币政策溢出方面，美国在2008—2012年推出四轮量化宽松政策，2014年开始逐渐恢复正常化，但2019年随着美国经济疲软，美联储重启降息和扩表，中断了其自2014年开始的货币政策正常化进程。伴随着美联储的降息，全球各大央行也跟随降息，欧央行也宣布重新降息和启动资产购买。在2020年全球的新冠肺炎疫情冲击中，美国更是推出了前所未有的"无上限量化宽松"政策，为金融市场注入美元流动性。量化宽松政策的推行，一定程度上阻止了金融危机引发的经济下滑，促进了全球经济的复苏，但也给各国经济带来了高杠杆高负债的隐患，并催生资产泡沫，对全球金融体系的稳定造成冲击。

量化宽松政策的实施和退出驱动了新兴经济体汇率和跨境资本流动的变化。在2014年底美国正式退出量化宽松货币政策前后，主要新兴经济体货币都经历了进入21世纪以来最大幅度的一轮贬值。低利率和负利率的全球蔓延增加了全球金融体系的脆弱性。由于全球流动性的过剩，全球债务杠杆率高企，许多新兴经济体过度举债。金融监管本来的目标就是控制金融风险，那么放松监管有可能将使美国整个金融系统面临风险，甚至导致金融危机重演。由于美国金融业在全球金融体系中的主导地位，美国放松银行业监管有可能对目前稳定的金融系统构成威胁，甚至引起全球连锁反应。

金融危机后，跨境资本流动所呈现新的特点主要体现在净值变化幅度加大、资本波动加剧，不稳定性增加。跨境资本的不稳定性加剧可直接或间接传导至实体经济，带来外汇储备波动加剧，汇率波动和不确定性增加，并使货币政策的稳定性和独立性受限。

跨境资本流动引起的外汇储备波动可能影响新兴经济体的金融安全。跨境资本流动将导致汇率变动，汇率与国际资本的交互传导，产生蝴蝶效应，放大了彼此的波动性。全球金融危机爆发后的十年内，全球跨境资本流动的总量（流出量+流入量）出现了明显的收缩。发达经济体的跨境资本流动总量萎缩，而新兴经济体的跨境资本流动总量及其波动性均上升，即发达经济体之间的跨境资本环流部分分流至发达经济体与新兴经济体之间。全球金融危机后发达经济体采取量化宽松的货币政策使得全球金融市场流动性充裕，全球金融危机后发达经济体金融监管趋严使得发达经济体资金脱实向虚现象有所改善，全球金融危机后发达经济体经济复苏前景悲观而新兴经济体经济依然较高的增速。全球金融危机后，金融市场情绪波动、美国汇率、美国利率对全球跨境资本流动都有巨大影响。

跨境资本流动可能引致资金外流风险。由于资本是逐利的，并且具有顺周期性的特征，当美国等发达经济体实行货币政策正常化和开启了加息周期时，新兴经济体将会产生资金外流的风险，最终演变为金融加速器和实体经济顺周期性的推手。如果大量的资金出现外流，就有可能使民众对资产价格形成悲观的预期，进而有可能会引发金融市场的动荡，全球金融体系的稳定性也因此受到冲击。

第十章

全球金融格局变化的趋势

前面所阐述的全球金融七个重要变化是在格局这样一个框架下来叙述的。所谓格局，是一种状态，它不是凝固的，也还没有达到机制化，因此它呈现的是一个动态变化。为什么会动态变化？因为引起这些变化的原因本身也会发生变化。另外，还会有一些新的、内生的或外生的冲击会影响到这些变化今后的趋势。

从原因的性质这样一个角度来进行分析。前文也已经分析了这些变化有一些根本的动因，也有一些触发的原因，还有一些关键的变量。这几个方面或单独或共同就会使得不同的变化产生不同的发展趋势（见图10-1）。

从一些根本的原因来看：一是经济全球化，近年经济全球化遭到了某些挫折，或者说正在进行某些调整。因为在前一阶段全球化的过程当中，虽然全球化本身使各个国家获得了收益，但是受益的各个阶层、受益的程度是不同的，甚至有些阶层可能还受到损害（例如发达经济体的蓝领工人）。

原因的性质	内容		变化	趋势
根本性原因	经济全球化		中央银行	平稳
	技术进步		货币政策	继续增强
触发性原因	全球金融危机	应对措施	监管	平稳
		连带效应	跨境流动	不确定
		预防今后危机措施	债务	高位爬升
新出现的因素	新冠肺炎疫情		新兴经济体	继续增强
			金融科技	快速增强

图 10-1　全球金融格局变化今后演变的趋势

因此，当前出现一些所谓逆全球化的情况是可以理解的，而全球化本身和各国的国内政策也应该做出某些调整，让每个人、各个阶层，都能从全球化的过程当中得到好处。但不能否定全球化本身，因为出现和形成有其内在客观的原因，并受客观规律制约，这不是人为设计出来的，所以全球化可以倒退，但不会消亡。另外一个根本性的原因是科学技术的进步。在过去十几年我们可以看到，科技进步环环相扣、永不停歇，这对全球的经济格局产生了影响，特别是对金融产生了更为明显、直接的影响，例如，人工智能、区块链、云计算、大数据、互联网等，都已经深刻地影响了金融的格局。正因为科技不会停止发展，所以其对金融的影响也将会持续。

全球化仍会存在，科技仍会进步，这就使得新兴经济体在全球金融格局当中地位仍会稳步增长。也许没有像之前那么快，但是仍会增长。对金融科技的推动可能会进一步增长，甚至由于当前正在全球蔓延的新冠肺炎疫情，对科技的依赖会更显著。因此，在今后它对金融的推动可能会加快，而不是停止。

引起这些变化的另外一个原因，可以定义为应激性的、或触发性的原因，主要就是全球金融危机。上述七个变化中有不少都是由于金融危机而产生的，这又可以细分为三类：第一是直接针对、解决金融危机所产生的原因；第二是这些措施会产生一些连带的效应；第三是为了防止今后的金融危机而采取了一些新的措施。这三个方面主要会影响到金融监管和货币政策的溢出效应这两个变化。

从金融监管方面来说，我们认为它的变化趋势基本上将会是稳定的。可能有个别政策上的调整，可能在个别国家金融监管会有一定的松动，但从总体来说，它是稳定的，特别是各个国家内部的金融监管是稳定的。但是，国家之间的金融监管的合作还有待于进一步加强。

另外，货币政策的外溢效应仍会存在。本来外溢效应可能会减少，发达经济体的量化宽松政策一度可能会停止、回缩。但是最近两年，由于全球经济的下滑，特别是最近正在全球蔓延的新冠肺炎疫情使得各个国家，特别是发达经济体的量化宽松政策得到了进一步地加强。因此，从今后一段时间来看，这种宽松政策不会结束，它的外溢效应，特别是对新兴经济体的这个影响不会消停，甚至会有所增强。

另外有一些变化之所以出现是由于多方面因素共同造成的。比如说，央行的作用、债务高杠杆率和跨境资本流动，既受到了金融危机这样突发性原因的影响，也受到一些根本性原因的影响。布雷顿森林垮台以后，全球进入了一个信用货币的时代，这从客观上加强了央行的作用。因为各个国家的货币发行不需要，也没有实际物质支撑。不像金本位，各国主权货币主要还是根据各国的信用来发行，这就依赖于央行对经济周期的判断，在这样一个大的背景下，央行的作用会有所增加，特别是在目前，为应对新冠肺炎疫情对经济的消极影响，量化宽松政策看来会在较长时间内执行。央行也会继续在宏观审慎和监管方面发挥重要作用。因为央行在掌握金融体系信息方面具有优势，随着金融科技的发展，可以利用大数据、人工智能，甚至通过发行央行数字货币，来更好地行使其监管职能。

另外，各个国家债务杠杆率现在又重新回到2008年全球金融危机前那样一个高度。特别是现在全球新冠肺炎疫情蔓延，各国不得不出台一些财政刺激政策，来抵消其对经济的负面冲击。因此，债务杠杆率仍旧会保持一个较高的水平，甚至不排除有些新兴经济体主权债务会出现问题，也不排除有些企业因为债务比较高，在当前的疫情的冲击下可能无法履约，并可能引起连锁反应。

跨境资本流动也是如此，它的演变趋势既受到根本原因也受到其他方面因素的影响。从整体上来看，2008年全球金融危机以后，跨境资本的总量是下降的。为修复资产负债表，发达经济体的金融机构对外扩张的势头减慢。另外，直接投资在前几年增长比较快，这跟全球产业链的布局有关，也跟新兴经济体采取了更为开放的发展战略有关。不幸的是，最近一两年由于逆全球化的影响，直接投资下降，但是我们预期今后直接投资仍会保持一个较高的水平。

总而言之，全球金融格局的七个重大变化会随着时间的推移、随着产生这些变化的原因的改变而继续发生方向不一、程度不一的演变。与此同时，目前正在全球蔓延的新冠肺炎疫情作为一个新出现的因素也对全球金融格局变化的未来趋势已经并将继续产生影响。例如，前面已经提到，为抵消疫情对经济的冲击，各国特别是发达经济体加大了非常规货币政策的力度，央行的作用并非减弱。各国实施的财政政策，使得全球各种债务的水平迅速上升，尤其是新兴经济体的主权债务违约的案例。

因此，我们仍要密切关注哪些趋势会继续发展、哪些以后会机制化、哪些可能会停滞不前。

后　记

全球金融大变局是整个全球大变局的一部分，因而它不可避免地受到全球地缘政治和国际关系变化的影响。近年来，全球地缘政治趋向恶化，这是多种因素造成的。近二三十年来，蓬勃发展的经济全球化使得全球经济稳步增长，但它带来的益处并未让各个国家、各个阶层都能公平地分享。发达国家的收入不平等持续加剧，中低阶层的人士不仅没有获得从经济全球化上获得益处，反而受到损害。但是由于这些国家国内政治上的制约，无法采取有效的措施解决这个问题。与此同时，由于我国实行了改革开放这一基本国策，经济持续稳定地以较高速度增长。这种情况使得一部分具有冷战思维的西方政客为了转移国内矛盾对我国各个方面进行指责。特别是美国特朗普政府，从上台一开始就对我国打贸易战，接着又试图在高科技领域进行脱钩，到最后全面打压，其目的就是阻止我国的崛起。在金融领域，美国政府采取了制裁、脱钩等种种办法，全面对我国进行打压，例如：强化对外国投资的审查，以国家安全为借口，封杀多起我国企业在美投资并购，以及阻止美企在华投资；严格限制本国资本投资中国股市；持续打压我国在美上市的"中概股"；以各种名义对我国经济实体和个人实体一级和二级制裁，等等。

特朗普政府的企图并未得逞。2020 年，在主要经济体中我国是 GDP 获正增长的唯一国家，产业链保持稳定，外资不仅没有大量外撤，而且投资增速达历史新高，为 6.2%。其主要原因在于从 2017 年开始我国采取了新一轮的金融开放。在短短两三年中，外资金融机构的投资负面清单已经清零，也就是说，外资金融机构在我国的业务范围没有任何限制，而且对其股权没有任何限制。这样，就对国际社会发出了一个清晰而强烈的信号，我国的对外开放不仅没有后退，甚至提高到更高的水平，这就有效地对冲了最全球地缘政治恶化可能带来的负面影响。

与此相关的是，由于我国具有超大规模的国内市场，而且随着人民收入的不断提高，这个市场还在继续扩大，这就使得外国资本无法割舍、抛弃这样一个市场。近两年来，我国吸引外资不仅未减反而还在增长就充分说明了这点。

最后，金融本身的性质决定美国无法得逞。金融关乎资金或资本的流动，它涉及到流出方和接受方，这是一个你中有我、我中有你的格局。美国利用美元的霸权地位在金融领域对我国进行制裁和打击，这是一个双刃剑，它既伤害别人也伤害自己。美国利用美元的武器化，最终也会损害美元地位。最近美国大选结束，拜登上台，中美竞争的基本格局可能不会有根本的改变，竞争是免不了的，但可能会更理性，这样竞争可能不会脱轨，合作也是有可能的。

不管外面发生什么，我们要集中精力做好自己的事。"发展是硬道理"，要用好各种政策工具、各种资源，使经济保持一定的增长速度。要深化要素市场改革、国企改革，坚持两个"毫不动摇"。增强自主创新的能力，使我国的主要产业向价值链的上端移动。我们应该继续推进金融对外开放，这个开放应是双向的，既要吸引外国金融机构进入我国，也要让我国的金融机构继续走出去。这有利于我国双循环新发展格局的构建，因为它能使内外双循环互相促进，打通"堵点"。要继续推行供给侧金融改革，以注册制为核心，推动多层次资本市场的发展，下决心增加直接融资的比例，增强我国金融城市场的韧性和稳定。要继续大力推进金融科技，使金融与科技更好地结合，以科技的强大推动力促进普惠金融、推进绿色金融，提高金融机构的效率，有效地防范各种金融风险，推动金融更好地为实体经济服务。要继续积极稳妥地推进资本账户进一步开放，只有资本账户开放了，人民币才能真正成为一个全球的储备货币。人民币国际化是抵御美元霸权的一个根本性的措施，只有人民币成为储备货币，我们才能从根本上避免和抵御美国的金融打压。要积极参与全球金融治理，提高参与全球金融治理的能力，我们对国际金融规则有一个了解、接受、修补的这样一个过程，而现在已经到了积极参与金融规则制定的新阶段了。

总而言之，只有这样，我们才能在全球金融大变局中站稳脚跟、立于不败之地，才能在全球金融治理中发挥更大的作用，为建设人类命运共同体做出应有的贡献。

附 术语表

英文缩写	英文全称	中文翻译
ABS	Asset Backed Security	资产支持证券
AIIB	Asian Infrastructure Investment Bank	亚洲基础设施投资银行
AML	Anti-Money Laundering	反洗钱
AMLF	Asset Backed Commercial Paper Money Market Mutual Fund Liquidity Facility	（美国）资产支持商业票据货币市场共同基金流动性工具
AMRO	ASEAN+3 Macroeconomic Research Office	东盟与中日韩宏观经济研究办公室
BIS	Bank for International Settlements	国际清算银行
BRIICS	Brazil, Russia, India, Indonesia, China and South Africa	主要新兴经济体巴西、俄罗斯、印度、印度尼西亚、南非和中国
C6	Fed, ECB, Bank of England, Bank of Japan, Bank of Canada and Bank of Switzerland	美联储、欧洲央行、英格兰银行、日本中央银行、加拿大银行和瑞士国家银行

续表

英文缩写	英文全称	中文翻译
CBDC	Central Bank Digital Currency	中央银行数字货币
CBPP	Covered Bond Purchase Program	（欧元区）资产担保债券购买计划
CDR	Chinese Depository Receipt	中国存托凭证
CPFF	Commercial Paper Funding Facility	（美国）商业票据融资工具
CRA	Contigent Reserve Arragement	（金砖国家）应急储备安排
DCEP	Digital Currency Electronic Payment	（中国）数字货币和电子支付系统
DLT	Distributed Ledger Technology	分布式账本技术
ESM	European Stability Mechanism	欧洲稳定机制
ESRB	European Systemic Risk Board	欧盟系统性风险委员会
ETF	Exchange Traded Fund	交易型开放式指数基金
FCA	Financial Conduct Authority	（英国）金融行为监管局
FDI	Foreign Direct Investment	外商直接投资
FIMA	Foreign and International Monetary Authorities（Repo Facility）	外国和国际货币当局（国债回购便利）
FLAR	Fondo Latinoamericano de Reservas（拉丁文）	拉丁美洲储备基金
FPC	Financial Policy Committee	（英国）金融政策委员会
FSA	Financial Service Authority	（英国）金融服务局
FSB	Financial Stability Board	金融稳定委员会

续表

英文缩写	英文全称	中文翻译
G20	Group 20	二十国集团
G4	United States, Japan, Euro area and United Kingdom	主要发达经济体美国、日本、欧元区和英国
G7	USA, UK, Germany, France, Japan, Italy and Canada	美国、英国、德国、法国、日本、意大利和加拿大
GDR	Global Depositary Receipt	全球存托凭证
GNI	Gross National Income	国民总收入
ICO	Initial Coin Offering	（区块链）首次币发行
IEO	Initial Exchange Offering	交易所公开发行
IMF	International Monetary Fund	国际货币基金组织
IMO	Initial Miner Offering	矿机销售融资
LCR	Liquidity Coverage Ratio	流动性覆盖率
LTRO	Long-Term Refinancing Operation	（欧元区）长期再融资计划
MBS	Mortgage-Backed Security	抵押支持证券
MMIFF	Money Market Investor Funding Facility	（美国）货币投资者资金便利
MMT	Modern Monetary Theory	现代货币理论
MPA	Macro Prudential Assessment	宏观审慎评估体系
MPC	Monetary Policy Committee	（英国）货币政策委员会
MRO	Main Refinancing Operations	（欧元区）主要再融资操作
NDB	New Development Bank	金砖国家新开发银行

续表

英文缩写	英文全称	中文翻译
NSFR	Net Stable Funding Ratio	净稳定融资比率
OBM	Original Brand Manufacture	自主品牌制造
OEM	Original Equipment Manufacture	原始设备制造
OFDI	Outward Foreign Direct Investment	对外直接投资
OMT	Outright Monetary Transactions	（欧元区）直接货币交易
PDCF	Primary Dealer Credit Facility	（美国）一级交易商信贷便利
PMCCF	Primary Market Corporate Credit Facility	（美国）一级市场企业信贷便利
PMI	Purchasing Managers' Index	采购经理人指数
PRA	Prudential Regulation Authority	（英国）审慎监管局
PRC	Prudential Regulation Commission	（英国）审慎监管委员会
QE	Quantitative Easing	量化宽松
QQE	Quantitative and Qualitative Monetary Easing	（日本）量化与质化宽松
SBA	Small Business Administration	（美国）小企业发展署
SDR	Special Drawing Right	特别提款权
SEFF	Standing Emergency Fiscal Facility	常设紧急财政机制
SMCCF	Secondary Market Corporate Credit Facility	（美国）二级市场企业信贷便利
SMP	Stock Market Plan	（欧元区）证券市场计划

续表

英文缩写	英文全称	中文翻译
STO	Security Token Offering	证券化代币发行
SWIFT	Society for Worldwide Interbank Financial Telecommunications	环球同业银行金融电讯协会
TAF	Term Auction Facility	（美国）期限拍卖融资便利
TALF	Term Asset Backed Securities Loan Facility	（美国）定期资产支持证券贷款工具
TSLF	Term Securities Lending Facility	（美国）定期证券借贷便利
VIX	Volatility Index	波动率指数
WTI	West Texas Intermediate	美国西得克萨斯轻质中间基原油

参考文献

1. 陈昊，鲁政委．技术进步还是动荡推手：如何监管算法交易和高频交易．兴业证券研究报告，2020-04-13. https://app.cibresearch.com/shareUrl?name=000000007167764f017171e1fb0a25f3&from=groupmessage&isappinstalled=0.
2. 陈雨露．当前全球中央银行研究的若干重点问题［J］．金融研究，2020（2）．
3. 高海红．提高全球金融安全网的有效性［N］．人民日报，2018-4-22.
4. 郭子珍．欧债危机以来欧洲政治经济的发展态势［J］．经济研究导刊，2020（6）：172-173.
5. 国际货币基金组织．世界经济展望［M］．北京：中国金融出版社，1997：45.
6. 国家外汇管理局．国家外汇管理局公布2019年9月末我国国际投资头寸表，2019. http://www.safe.gov.cn/safe/2019/1227/15009.html.
7. 国家外汇管理局．国家外汇管理局公布2019年9月末我国国际投资头寸表，2020. http://www.safe.gov.cn/neimenggu/2020/0113/678.html.
8. 国家外汇管理局．外汇管理局公布2008年末中国国际投资头寸表，2009. http://finance.sina.com.cn/g/20090519/16472849402.shtml.
9. 何帆，冯维江，徐进．全球治理机制面临的挑战及中国的对策［J］．世界经济与政治，2013（4）.

10. 何知仁，乔依德.建立系统重要性国家货币政策协调机制的逻辑与建议［J］.上海金融，2016（6）：17–26.

11. 华泰证券报告.央行数字货币解析：一种币，两个库，三个中心. https://mbd.baidu.com/newspage/data/landingshare?pageType=1&isBdboxFrom=1&context=%7B%22nid%22%3A%22news_9410325232943544801%22%7D.

12. 寇明婷，杨海珍，杨晓光.金融危机的政府救助与国际协调［J］.管理评论，2019（10）：10–22.

13. 李波.构建货币政策和宏观审慎政策双支柱调控框架［M］.北京：中国金融出版社，2018.

14. 李小加."呼吁成立'数据要素产业化联盟'"，香港交易所脉搏，https://mp.weixin.qq.com/s/2p4pk-qj6oAmqTcioqlRNg.

15. 廖凡.金融科技背景下监管沙盒的理论与实践评析［J］.厦门大学学报（社会科学版），2019（2）：12–20.

16. 廖凡.论金融科技的包容审慎监管［J］.中外法学，2019（3）：797–816.

17. 刘宾，陈波.经济金融化与美国收入分配差距的扩大：理论与实证分析［J］.上海金融，2019（12）：63–70.

18. 刘东民，李远芳，熊爱宗，高蓓.亚投行的战略定位与业务创新模式［J］.国际经济评论，2017（5）：149–164.

19. ［美］本·伯南克，［美］蒂莫西·盖特纳，［美］亨利·保尔森（著）.灭火：美国金融危机及其教训［M］.冯毅，译.北京：中信出版集团，2019.

20. 欧阳日辉.从"+互联网"到"互联网+"——技术革命如何孕育新型经济社会形态［J］.学术前沿，2015（10）：25–38.

21. 乔依德.为什么Libra可能"胎死腹中"［J］.探索与争鸣，2019（11）.

22. 权衡.经济全球化发展：实践困境与理论反思［J］.复旦学报（社会科学版），2017（6）：155–164.

23. 商务部，国家统计局和国家外汇管理局．2018年度中国对外直接投资统计公报，2019. http://www.gov.cn/xinwen/2019-09/13/content_5429649.htm.
24. 上海发展研究基金会．全球金融格局的变化和中国对外金融，2018. http://www.sdrf.org.cn/upfile/Research/2018%20C.pdf.
25. 上海发展研究基金会．全球金融失衡：含义、影响和对策，2017. http://www.sdrf.org.cn/upfile/Research/C%20Global%20Financial%20Imbalance.pdf.
26. 上海发展研究基金会．全球金融失衡：含义、影响和对策，2017. http://www. sdrf.org.cn/upfile/Research/C%20Global%20Financial%20Imbalance.pdf.
27. 上海发展研究基金会．全球金融治理：挑战、目标和改革，2016. http://www. sdrf.org.cn/upfile/2016/Global_Governance.pdf.
28. 上海发展研究基金会．全球金融治理：挑战、目标和改革，2016. http://www. sdrf.org.cn/upfile/2016/Global_Governance.pdf.
29. 上海发展研究基金会．全球金融治理：挑战、目标和改革．http://www.sdrf.org.cn/upfile/2016/Global_Governance.pdf.
30. 上海发展研究基金会．中国融入全球金融体系及其对外影响，2019. http://www.sdrf.org.cn/upfile/Research/2019%20Report%20Chinese.pdf.
31. 上海发展研究基金会：美联储外国央行国债回购计划的是与非，2020.
32. 邵宇，陈达飞．金融危机十周年：反思、救助与展望［J］．财经，2018（5）．
33. 史建平，高宇．宏观审慎监管理论研究综述［J］．国际金融研究，2011（8）：66-74.
34. 宋科，黄泽清，刘相波．新兴经济体对发达经济体量化宽松政策的回溢效应［J］．国际金融研究，2018（3）：46-56.
35. 隋平．逍遥法外：金融危机后的影子银行监管［M］．北京：中国政法大学出版社，2012.
36. 孙博，刘彬．关于建立地方金融监管体系的研究．资本市场研究网，

2014-6. http://www.bisf.cn/zbscyjw/yjbg/201406/0b986ad1ae554246998deaf8189eea51.shtml.

37. 谭小芬, 李兴申. 跨境资本流动管理与全球金融治理 [J]. 国际经济评论, 2019 (3): 57–79.

38. 王达. 论全球金融科技创新的竞争格局与中国创新战略 [J]. 国际金融研究, 2018 (12): 10–20.

39. 项卫星, 王达. 国际资本流动格局的变化对新兴经济体的冲击 [J]. 国际金融研究, 2011 (7): 51–58.

40. 谢世清, 郏雨薇. 欧洲稳定机制 (ESM) 的运作及其评价 [J]. 宏观经济研究, 2015 (1).

41. 熊爱宗. 如何完善全球金融安全网 [J]. 金融评论, 2017 (3).

42. 徐忠. 全球金融危机十年: 反思与启示. 财新网, 2018. http://finance.caixin.com/2018-02-12/101210649.html.

43. 杨全社, 杨英杰, 皇甫建华, 李依玲. 美国金融危机以来财税政策演变及其实施效果评价 [J]. 经济研究参考, 2020 (1): 76–89.

44. 易纲. 再论中国金融资产结构及政策含义 [J]. 经济研究, 2020 (第3期).

45. 易纲. 再论中国金融资产结构及政策含义 [J]. 经济研究, 2020 (3).

46. 易纲. 再论中国金融资产结构及政策含义 [J]. 经济研究, 2020 (3).

47. 尹振涛. 互联网金融监管的法治化思考: 必要性、路径及实施 [J]. 社会科学家, 2019 (10): 14–22.

48. 张景智. "监管沙盒"制度设计和实施特点: 经验及启示 [J]. 国际金融研究, 2018 (1): 57–64.

49. 张茉楠. 全球开启危机模式, 新冠肺炎疫情恐引爆欧债危机 [N]. 中国财经报, 2020-3-17.

50. 张晓晶, 刘磊. 宏观杠杆率急速飙升 总体债务扩张并未失控. NIFD宏观杠杆率季报, 2020. file:///C:/Users/hezhi/Desktop/acb5558e-9e88-44f0-ae60- 6756 65fc5d3.pdf.

51. 郑联盛. 货币政策与宏观审慎政策双支柱调控框架: 权衡与融合 [J]

. 金融评论，2018（4）：25-40.

52. 郑杨，等.全球功能监管实际与中国金融综合监管探索［M］.北京：上海人民出版社，2016.

53. 中曾宏.危机以来中央银行货币政策演进史：以日本为例［N］.华尔街见闻，2017-10-22.

54. 中国人民银行等五部委"关于防范比特币风险的通知"，2013年.

55. 周君芝.央行数字货币对金融体系的或有影响.广发证券研究报告.https://mp.weixin.qq.com/s/mhsNTcM6D0F21gpPziHnwA.

56. 周倩云.默克尔：支持将"欧洲稳定机制"升级为"欧洲货币基金".央广网，2018-6. http://china.cnr.cn/qqhygbw/20180604/t20180604_524257363.shtml.

57. 周学东.央地金融监管职责的边界与协调.中国证券网，2015. http://money.163.com/15/0324/02/ALEK4TH400253B0H.html.

58. 宗良，韩森.国际储备货币多元化的前景和路径［J］.清华金融评论，2019（3）：107-110.

59. 宗良，廖淑萍.全球经济再平衡中的新兴经济体资本流动格局［J］.银行家，2010（6）：78-81.

60. Adrian, T., and H. S. Shin, 2013, "Procyclical leverage and value-at-risk", Review of Financial Studies, hht068.

61. Altunbas, Y., L. Gambacorta, and D. Marques-Ibanez, 2010, "Does Monetary Policy Affect Bank Risk-Taking?", Social Science Electronic Publishing, 10（1）: 95-135.

62. Angeloni, I., E. Faia and M. Lo Duca, 2013, "Monetary Policy and Risk Taking", *Journal of Economic Dynamics & Control*, 52: 285-307.

63. Bartsch, Elga, et al. "Dealing with the next downturn: from unconventional monetary policy to unprecedented policy coordination." Macro and Market Perspectives（2019）.

64. BCBS, 2018, "Sound Practices: Implications of Fintech Developments for Banks and Bank Supervisors", Bank for International Settlemen.

65. Ben Bernanke, 2018, "The Real Effects of the Financial Crisis", Brookings Papers on Economic Activity, Fall 2018 Edition.
66. Ben Bernanke, 2018, "The Real Effects of the Financial Crisis"; Brookings Papers on Economic Activity.
67. Borio, C., H. Zhu, 2012, "Capital regulation, risk-taking and monetary policy: A missing link in the transmission mechanism?", Journal of Financial Stability, 8（4）, 236–251.
68. Bruno, V., and H. S. Shin, 2014, "Cross-Border Banking and Global Liquidity," BIS working paper, No.458.
69. Cetorelli, N., L.S. Goldberg, 2012, "Banking Globalization and Monetary Transmission", The Journal of Finance, Vol. 67, No. 5, pp. 1811–1843.
70. CGFS, 2011, "Global liquidity-concept, measurement and policy implications", CGFS Papers, No 45.
71. Claudio Borio, Marc Farag and Nikola Tarashev, April 2020, "Post-crisis international financial regulatory reforms: a primer", BIS Working Papers.
72. Colin Ellis. 金融危机以来中央银行最后贷款人职能的演变——以美联储、欧央行为例［J］. 金融会计, 2018（5）: 30-37.
73. Davide F, Joao T.J, and Aleksandra Z., 2016, "China Spillovers: New Evidence from Time-Varying Estimates", IMF Working Paper.
74. Eichengreen, Barry, 2011, "It May Be Our Currency, But It's Your Problem", Australian Economic History Review, 51（3）: 245–253.
75. EU, "General Data Protection Regulation", 2016, https://gdpr-info.eu/.
76. George Parker, 2020, "Underlying Conditions", The Atlantic, June.
77. Gorton, Gary and Andrew Metrick, 2012, "Securitized Banking and the Run on Repo", Journal of Financial Economics, 104（3）, 425–451.
78. Guichard.S., 2017, "10 Years after the Global Financial Crisis: What Have We Learnt About International Capital Flows?", Journal of International Commerce, Economics and Policy, Vol. 8, No. 3.
79. Hauser A., 2017, " The Bank of England's FinTech Accelerator: What

Have We Done and What Have We Learned？", At a meeting for FinTech Contacts of the Bank of England's Agency for the South East and East Anglia at the offices of Mills & Reeve, Cambridge, October 6, 2017.

80. Hyman P. Minsky, 1992, "The Financial Instability Hypothesis".
81. Hyman P. Minsky, 1992, "The Financial Instability Hypothesis".
82. IIF, 2020, "Capital Flows Report: Sudden Stop in Emerging Markets", https://www.iif.com/Portals/0/Files/content/2_IIF2020_April_CFR.pdf.
83. IMF, 2016, "The Growing Importance of Financial Spillovers from Emerging Market Economies", IMF Global Financial Stability Report.
84. Institute of International Finance, April 2020, "IIF Weekly Insight G20 Calls Time Out on Debt Service".
85. International Monetary Fund, 2016, "Capital Flows–Review of Experience with the Institutional View".
86. Irving Fisher, 1933, "The Debt–Deflation Theory of Great Depressions".
87. Irving Fisher, 1933, "The Debt–Deflation Theory of Great Depressions".
88. Kavaljit Singh, 2020, "COVID-19: A Triple Whammy for Emerging Market and Developing Economies".
89. Koepke, R., 2015, "What Drives Capital Flows to Emerging Markets? A Survey of the Empirical Literature", International Monetary Fund.
90. Kristalina Georgieva, 2020, "A Global Crisis LIke No Other Needs a Global Response Like No Other", IMF Blog.
91. Larry Summers, 2018, "The Financial Crisis and the Foundations for Macroeconomics", Larrysummers.com, Sept. 13.
92. Larry Summers, 2018, "The Financial Crisis and the Foundations for Macroeconomics", Larrysummers.com, Sept.13.
93. Libra Association, "Libra white paper V2.0", https://libra.org/en-US/white-paper/.
94. Nkunde M. etc., 2016, " Spillovers From China: Financial Channels".
95. Perry Mehrling, 2011, "The New Lombard Street: How the Fed Became

the Dealer of Last Resort".
96. Perry Mehrling, 2011, "The New Lombard Street: How the Fed Became the Dealer of Last Resort".
97. Peter Doyle, 2018, "Crisis Firefighters Still Uninterested in Fire Prevention", FT Alphaville, Sept.14.
98. Peter Doyle, 2018, "Crisis Firefighters Still Uninterested in Fire Prevention", FT Alphaville, Sept.14.
99. Potter, S. M., Smets, F., 2019, "Unconventional monetary policy tools: a cross-country analysis", CGFS Papers, 63.
100. Rajan, R., 2006, "Has Financial Development Made the World Riskier?", European Financial Management, 12, 499–533.
101. Rene M. Stulz, "FinTech, BigTech, and the Future of Banks", 2019, https://doi.org/10.1111/jacf.12378.
102. Rey Hélène, 2013, "Dilemma not Trilemma: The Global Financial Cycle and Monetary Policy Independence", NBER Working Paper No. 21162, CEPR Discussion Paper No. DP10591.
103. Rey Hélène, 2013, "Dilemma not Trilemma: The Global Financial Cycle and Monetary Policy Independence", NBER Working Paper No. 21162, CEPR Discussion Paper No. DP10591.
104. Rüffer, R., L. Stracca, 2006, "What is global excess liquidity, and does it matter?", ECB Working Paper, No 696.
105. Schnabl, P., 2012, "The International Transmission of Bank Liquidity Shocks: Evidence from an Emerging Market", The Journal of Finance, Vol. 67, No. 3, pp. 897–932.
106. Shu, C., D. He, H. Wang, and J. Dong., 2015, "The Influence of Chinese and US Financial Markets on Asia Pacific", BIS Paper 82, p171–81.
107. Tao Zhang, "Deputy Managing Director Tao Zhang's Keynote Address on Central Bank Digital Currency", March 19, 2020, https://www.imf.org/en/News/Articles/2020/03/19/sp031920-deputy-managing-director-tao-

zhangs-keynote-address-on-central-bank-digital-currency.

108. The Economist,"Tech's raid on the banks", May 2, 2019, https://www.economist.com/leaders/2019/05/02/techs-raid-on-the-banks.

109. Tucker, P., 2018, "Unelected Power: The Quest for Legitimacy in Central Banking and the Regulatory State", Princeton University Press.

110. Xuehui Han, Shang-jin Wei, 2018, "International transmissions of monetary shocks: Between a Trilemma and a Dilemma", Journal of International Economics ,110（2018）, pp: 205-219.